Marwan Ali
Wie man in fünf Tagen Kurde wird

Marwan Ali

Wie man in fünf Tagen Kurde wird

Aus dem Arabischen von
Leslie Tramontini und Kerstin Wilsch

SWALLOW EDITIONS

SCHILER & MÜCKE

Bibliografische Information der Deutschen Nationalbibliothek
Die Deutsche Nationalbibliothek verzeichnet diese
Publikation in der Deutschen Nationalbibliografie;
detaillierte bibliografische Daten sind im Internet
über http://dnb.ddb.de abrufbar.

SWALLOW EDITIONS

Gegründet und herausgegeben von Rafik Schami

Die Veröffentlichung dieser Erzählung in der
Reihe Swallow Editions erfolgt mit freundlicher
Unterstützung des Carl Hanser Verlags; vielen Dank.

Umschlagfoto: mbrand85, iStock
Foto des Autors: © Gihan Omar
Swallow Editions Symbol: © Root Leeb
Druck: Standart Impressa, Vilnius
Printed in Lithuania

ISBN 978-3-89930-473-2

Der erste Tag

Die Grenzen von Groß-Kurdistan

Ich bin Kurde
Oh Gott, ich erflehe kein anderes Schicksal,
sondern nur Gnade

Mein Name

Mein Vater liebte den kurdischen Anführer Mustafa Barzani, der an der Spitze der kurdischen Revolution im Irak stand.

Als Gott ihm einen Jungen schenkte, nämlich mich, Alan Sido, wollte er ihn eigentlich Barzan nennen. Doch der Beamte im Standesamt von Amude riet meinem Vater zu einem anderen Namen, weil kurdische Namen auf Anordnung des Geheimdienstes verboten waren. Betrübt kehrte mein Vater in sein Dorf Karssor zurück. Nach einigen Tagen machte er sich mit einem neuen Namen wieder auf den Weg in die Stadt: Alan. Der Beamte, ein Halbanalphabet, gab sich damit zufrieden, da er ihn für einen französischen Modenamen hielt. Mein Vater freute sich spitzbübisch, weil er einen Namen gefunden hatte, der sich auf Barzan reimte.

Karssor liegt nur etwa sieben Kilometer von der türkischen Grenze entfernt. Deshalb hörten wir immer die Scharmützel, die sich die türkische Armee mit aufständischen Kurden oder mit Schmugglern lieferte. Wir hörten das Pfeifen des Zuges, der früher auf der Strecke nach Aleppo und Damaskus in der Nähe von

Karssor entlangfuhr. Später wurde die Linie aus Gründen, die wir als Dorfbewohner nicht kannten, eingestellt.

In Karssor hatte der Agha Hasku das Sagen. Er war für seine Gastfreundschaft und Tapferkeit bekannt und behandelte die Dorfbewohner wie Mitglieder seiner eigenen Familie; er war sozusagen das Oberhaupt des Dorfes. Nach ihm kam der Ortsvorsteher Muhammad Asiro, mit dem er sich die Verantwortlichkeiten teilte, und danach der Mulla Hussein, der jedem den Zutritt zur Moschee verweigerte, über den er sich geärgert hatte. Das traf vor allem diejenigen, die keine Almosensteuer gezahlt hatten, und ging so weit, dass er ihnen androhte, kein Totengebet für sie zu verrichten, wenn sie gestorben seien. Dabei reckte er seine Arme gen Himmel, als flehe er Gott um Hilfe an. Schließlich kam in dieser Reihe Muhammad Nuri, der Vorsitzende der Bauernvereinigung.

Wenn die Lage zwischen dem Ortsvorsteher, dem Mulla und dem Vorsitzenden der Vereinigung verzwickt wurde, schritt der Agha ein. Zum Beispiel damals, als der Mulla eines Freitags predigte, eine Frau ohne Hidschab würde direkt in die Hölle fahren.

Da erhob der Vorsitzende der Bauernvereinigung, der für seine linken Anschauungen bekannt war, mit lauter Stimme Einspruch: „Das heißt also, dass die Frau des Mullas ganz allein ins Paradies kommt, denn ansonsten trägt ja keine andere Frau außer ihr im Dorf ein Kopftuch!"

Der Agha bestellte abends den Mulla in seinen Versammlungsraum und sagte im Beisein aller Männer des Dorfes: „Du bist nur für die Moschee, das Einsammeln der Almosensteuer und ihre gerechte Verteilung unter den Armen des Dorfes verantwortlich." Mit einem Augenzwinkern gab er dem Mulla zu verstehen, er wisse durchaus, dass er sich seinen Teil abzwacke. „Doch was die anderen Dinge betrifft, so ist jeder Mensch für sich selbst verantwortlich. Da dürfen wir uns nicht einmischen, weder du noch ich."

Doch es gab ein kleines Problem in Karssor, für das noch niemand eine Lösung gefunden hatte. Das Problem war Raschad, Sohn einer Kurdin und eines Arabers. Die Kurden sahen ihn als Araber an und die Araber als Kurden. Er selbst sagte lachend dazu: „Sobald die Vereinten Nationen eine Lösung für den Nahen Osten gefunden haben, müssen sie auch mein Problem lösen, denn das ist viel komplizierter."

Kurdistan

Eines Tages drang eine Patrouille der Polizei, bis an die Zähne bewaffnet mit leichten und mittelschweren Waffen sowie mit Panzerbüchsen, ins Haus unseres Nachbarn Jakjakan ein. Der Name bedeutet wörtlich Schwanzwipper und bezeichnet die Bachstelze, die unentwegt mit dem Schwanz wippt und gerne an Flüssen und im Schatten von Bäumen und Häusern herumfliegt. Dieser Nachbar war der beste Jäger in Karssor und im ganzen Nahen Osten und konnte Sperlinge, Stare, Wildhasen und Flughühner mit bloßer Hand fangen. Seine erste Tochter hatte er Kurdistan genannt, weil sie so schön war, und tatsächlich glich sie einem Engel.

Als Hauptmann Alawi as-Sattam aus seinem Jeep stieg, zitterte Jakjakan tatsächlich wie eine Bachstelze.

Der Hauptmann fragte ihn: „Lieben Sie Kurdistan?"

„Ja, Herr Hauptmann, sehr, mehr als mein eigenes Leben ..."

Da erhob der Hauptmann seine Hand und gab Jakjakan eine Ohrfeige. Der Arme fiel zu Boden und seine unsichtbaren Federn stoben in der Luft umher.

Mit seinen neuen Armeestiefeln bearbeitete der Hauptmann ihn am ganzen Körper.

„Du liebst Kurdistan, du Elender!?"

„Ja, Herr Hauptmann, ich liebe sie! Gibt es denn einen Vater, der seine Tochter nicht liebt?"

„Deine Tochter! Deine Tochter heißt Kurdistan?! Wo ist sie und wie alt ist sie?"

„Drinnen in der Stube, sie ist sieben und hat Kinderlähmung."

Als der Hauptmann die Tür mit seinem Stiefel auftrat, sah er das wunderschöne kleine Mädchen. Sie kroch über den Boden und schleifte die Beine hinter sich her, dabei weinte sie vor Mitleid um ihren Vater.

Dem Hauptmann tat es eine Sekunde lang leid, dass er dem Geheimdienstmann voreilig Glauben geschenkt hatte, der ihn darüber informiert hatte, Jakjakan täte seine Liebe zu Kurdistan öffentlich kund. Doch sein Gewissen war wie Teflon; kein Funken menschlicher Anteilnahme blieb daran haften.

Selbstbild

Als mein Vater und ich aus Karssor am Markt von Qamischli ankamen, waren alle Läden noch geschlossen. Ein kalter Wind pfiff und leere Plastiktüten fegten durch die Gassen.

Wir liefen an den geschlossenen Geschäften vorbei durch die engen Seitengässchen, bis wir vor einem kleinen Kaffeehaus ankamen. Es lag gegenüber dem Gebäude der Stadtverwaltung direkt unter der Praxis von Doktor Hassan Mahus. Der Duft von frischem Tee, Kaffee und Räucherwerk erfüllte die Luft.

Mein Vater zog zwei Stühle heran und wir setzten uns.

„Gleich gehen wir zu Chadschik, dem armenischen Fotografen“, sagte er. „Letztes Jahr warst du ja noch kein richtiger Schüler, aber dieses Jahr melden wir dich regulär an. Du kommst jetzt in die erste Klasse. Kannst du schon multiplizieren?“, fragte er interessiert.

„Ja!“ Ich schloss meine Augen und begann zu zählen: „Ein mal eins ist eins, ein mal zwei ist zwei, ein mal drei ist drei.“

Da lächelte mein Vater und blickte zur Praxis von Doktor Hassan Mahus empor: „Ich werde dir eine Praxis an einem noch viel besseren Ort schenken!“

Zwei Gräber für einen Kurden

Ein Minenfeld lag zwischen uns und denjenigen, die auf der türkischen Seite geblieben waren, nachdem das Sykes-Picot-Abkommen Land und Leute getrennt hatte.

Einer unserer Verwandten wusste, wo die Minen lagen, und vertrieb sich die Zeit damit, sie auseinander zu nehmen und zu entfernen. So machte er den Weg frei für Schmuggler und Leute ohne Reisepass, die nun ihre Familien auf der anderen Seite in Nusaybin und Mardin besuchen konnten.

Eines Tages aber explodierte eine Mine, als er daran hantierte. Seine zerfetzten Körperteile flogen umher wie aufgescheuchte Spatzen; einige landeten auf der türkischen und andere auf der syrischen Seite.

Wir hoben bei uns ein Grab für ihn aus und beerdigten ihn, und auf der anderen Seite taten sie das Gleiche.

Am Opferfest besuchten wir stets sein Grab und winkten unseren Verwandten zu, die sein Grab auf der anderen Seite besuchten. Sie waren so wie wir Fremde im eigenen Land.

Unser Klagen wurde nur vom türkischen Zug und den winkenden Fahrgästen unterbrochen.

Saladin und ich

In der siebten Klasse bekamen wir einen Geschichtslehrer aus Qamischli. Ich liebte Geschichte mehr als jedes andere Schulfach, denn da ging es stets um Heldentaten, Abenteuer und Kriege, wie im Film, aber auf

Papier. Mein Großvater kommentierte stets, wenn ich ihm aus dem Unterricht erzählte. „Nette Geschichte, aber alles Lüge", sagte er und schüttelte den Kopf.

Eines Tages nun erzählte ich ihm, wie der Held Saladin die Kreuzfahrer mit einem einzigen Schlag besiegte. Mein Großvater hörte zu und sagte dann: „Das stimmt, Saladin ist ein Held, aber er hatte ein hartes Herz, und im Übrigen ist er ein kurdischer Held, dem zu verdanken ist, dass die Araber sich zusammenschlossen. Sie blieben vereint, bis er starb. Danach kehrten sie zu ihren alten Gepflogenheiten zurück, sie zersplitterten und führten Krieg gegeneinander."

In der folgenden Geschichtsstunde besprachen wir immer noch die 200 Jahre währenden Kreuzzüge. Der Lehrer wiederholte mehrmals, dass Saladin ein Araber aus einem arabischen Stamm sei. Ich hob brav meine Hand und sagte in aller Unschuld: „Entschuldigung, Herr Lehrer, mein Großvater hat gesagt, dass Saladin ein kurdischer Held war, der in Tikrit im Irak an den Ufern des Euphrat geboren wurde, und dass er die Araber vereint und die Kreuzritter besiegt hat und ..." Ich wollte eigentlich noch hinzufügen, dass er ein hartes Herz gehabt habe, aber da gab mir der Lehrer mit seiner großen Hand schon eine schallende Ohrfeige, die mich nach hinten warf.

„Sag deinem senilen Großvater, Saladin war Araber, wie schon sein Vater und Großvater. Hast du verstanden, du Esel?"

Ich war so erschrocken über die Ohrfeige, die noch dazu sehr weh getan hatte, dass ich nichts erwidern konnte. Ich weinte noch nicht einmal. Der Lehrer ging nach vorne zurück und setzte den Unterricht fort, als sei nichts geschehen. Als die Stunde zu Ende war, lachten viele meiner Mitschüler mich und meinen Großvater aus und gingen dann in die Pause zum Spielen. Ich blieb zusammen mit meinen beiden Freunden im Klassenraum, Asis, einem Jesiden, und Georges, dem Sohn von Doktor Salman, der aus Damaskus nach Karssor gekommen war, wo er leider nur für drei Jahre blieb, danach zog er nach Australien. Sie beschimpften den Lehrer und wünschten ihm immer mehr Krankheiten an den Hals, bis Georges rief: „Ich werde von meinem Vater verlangen, ihn zu betäuben und ihm die Eier abzuschneiden ..." Wir lachten uns kringelig. Am nächsten Tag verriet mir Georges, dass auch sein Vater davon überzeugt war, dass Saladin Kurde war.

Von jenem Tag an stand für mich fest, dass die Kurden recht haben, und ich mochte keine Geschichtsbücher mehr.

Das Bildnis von Hafiz al-Assad

Das einzige Bild von Hafiz al-Assad in Karssor hing im Büro des Schuldirektors. Da es an den zahllosen nationalen Feiertagen – dem Tag des Abzugs der letzten französischen Truppen, dem Jahrestag des Oktoberkriegs, dem Gedenktag für die „Korrekturbewegung", dem Fest der Märtyrer, dem Tag der Arbeit, dem Tag des Baumes – stets von den Schülern herumgeschwenkt wurde, war das Bild kaum noch zu erkennen.

Als wir einmal während des Tags der Arbeit ohne das Bild heraustraten, schlug Scherko vor, wir könnten doch das Bild der Sängerin Samira Taufiq hochhalten und anstelle des Slogans „Wir opfern unsere Seele und unser Blut für dich, Herr Präsident!" eines ihrer vielen berühmten Lieder singen:

„Ach je... schenkt den Kaffee ein, fügt noch Kardamom hinzu und reicht ihn den starken Männern auf den Rücken der Pferde." Ich wunderte mich jedoch, wie die Reiter während des Reitens Kaffee trinken können ...

Der Käse von Hafiz al-Assad

Abdelqadir Suleiman war ein sehr bekannter kurdischer Künstler in Qamischli. Während der Volksabstimmung über die Verlängerung von Hafiz al-Assads Regierungszeit forderte der Chef des Geheimdienstes, Muhammad Manssura, auch die ethnischen Minderheiten in Qamischli, die Kurden und die Aramäer, dazu auf, diesen großartigen Anlass zu feiern.

Während der Feier im Halaliya-Viertel am Rand von Qamischli sang Abdelqadir gerade ein Tanzlied:

Nura Hamo banir aani

Banir aani, banir aani

Nura Hamo banir aani

(Nura Hamo brachte den Käse, ja, Nura hat den Käse gebracht.)

Da rannte einer auf Abdelqadir zu und verlangte, er solle ein Lied über den Präsidenten Hafiz al-Assad singen, denn der Chef des Geheimdienstes, der bereits erwähnte Muhammad Manssura, sei soeben aus Qamischli eingetroffen. Verwirrt sang Abdelqadir sein kurdisches Lied weiter:

Hafiz al-Assad banir aani
Banir aani, banir aani
Hafiz al-Assad banir aani
(Hafiz al-Assad brachte den Käse, ja, Hafiz al-Assad
hat den Käse gebracht.)

Ich war klein, warum musste ich groß werden?

Ich war sehr klein. Meine Brüder Rakan und Safwan
und meine Schwestern Subaida und Aischana wurden
älter, doch ich blieb der verwöhnte kleine Bruder, der
nie groß werden würde. Ich war sehr klein. Manchmal
suchte mich meine Mutter und fing zu weinen an, wenn
sie mich nicht fand. Dann wurde ich davon wach, dass
ihre Tränen auf mein Gesicht fielen, dabei hatte ich
doch die gesamte Zeit über ganz in ihrer Nähe geschlafen.

Ich war wirklich sehr klein. Warum musste ich er-
wachsen werden?

Familienporträt

Mein Vater hielt mich an der Hand und meine Mutter
meinen Bruder Rakan. Wir warteten auf Bekros Taxi.
Der Inhaber dieses Taxiunternehmens war in den beiden
an der türkischen Grenze gelegenen Städten Qamischli
und Amude sehr bekannt, denn er war der erste, der
überhaupt ein Auto hatte und es als Taxi nutzte. Hinter
uns standen eine alte gelbe Villa und Maulbeerbäume.
Das Dorf Dscharkin hatte nur diese große Villa und

einige kleine Lehmhäuser für die Arbeiter und Bauern, die auf den ausgedehnten, die Villa umgebenden Feldern arbeiteten. Der Name des Dorfes ist seltsam und keiner wusste, woher er kam oder wer die Bewohner der Villa waren.

Vor uns lag die Saqr-Quraysch-Grundschule, gräulich wie die Gesichter der Lehrer und des Direktors, der nur eine einzige Aufgabe hatte: die Schüler mit dem Bambusrohr zu schlagen, das er sogar dann noch in der Hand hielt, wenn er längst die Schule verlassen hatte.

Vom Bekro-Taxi war weit und breit nichts zu sehen.

Wir wollten nach Qamischli auf den Markt fahren, um neue Kleider für uns Kinder zu kaufen. Außerdem gelüstete es meine Mutter nach Aleppo-Kebab im Lokal „Damaskus", denn sie war im neunten Monat schwanger.

Mein Vater freute sich auf seinen dritten Sohn und ließ es meiner Mutter an nichts mangeln. Denn im Volksglauben heißt es, dass der Wunsch, der einer Schwangeren nicht erfüllt wird, als schwarzes Muttermal am Körper des Kindes erscheint.

Das Taxi war immer noch nicht da.

Trotzdem warteten wir alle weiterhin mit Vorfreude.

Mein Vater sagte: „Bekro wird kommen. Er hat sieben Leben! Die Kugeln der türkischen Grenzsoldaten, die sie auf die Schmuggler auf der syrischen Seite abgefeuert haben, sind alle an ihm vorbeigeflogen."

Bis Bekro kam, dachte ich darüber nach, wie mein kleiner Bruder wohl aussehen würde.

Ich stellte ihn mir schön vor, mit blondem Haar.

Er würde aus dem Bauch meiner Mutter mit einem Kebabspieß in der Hand hinausflitzen.

Schließlich kam das Bekro-Taxi angekrochen, wie eine Schildkröte oder vielleicht ein kleines bisschen schneller.

Der Wolf

Man hörte das Wiehern der Pferde und ihr Hufgetrappel schon lange, bevor sie eintrafen. Allen voran flog Afdaal mit seinem Ross über die Berge von Lugay im türkischen Kurdistan bis zur historischen Stadt Mardin. Dann ritt er langsam nach Tubs, Qudschi, Schadi und Kutya hinunter, kurdischen Dörfern, die in der Nähe der türkischen Grenze auf dem Weg nach Karssor lagen.

Mein Großvater Naifko erwartete ihn und nahm den kurdischen Tabak in Empfang, der unter Schmerzen und mit Liebe an gefährlichen Abhängen angebaut wurde; Abhängen, die unserem Leben glichen.

Noch vor Sonnenaufgang kehrte Afdaal nach Lugay im türkischen Kurdistan zurück, das sich bereits nach dem Wiehern seines Pferdes sehnte. Dieses Mal ritt er jedoch mit mehr Ruhe und Gelassenheit, ohne Angst vor Polizeipatrouillen und Zollbeamten.

Großvater Naifko versteckte den Tabak in den Häusern im Dorf und manchmal auch an Stellen, die sogar er selbst erst nach Tagen wiederfand, wie ein Eichhörnchen, das seine Nüsse vergräbt und dann nicht mehr weiß, wo.

Wir hörten das Knattern eines alten Militärjeeps. Ein kurdisch aussehender Mann in Khaki-Uniform stieg aus, an seiner Hüfte baumelte eine Pistole. Plötzlich brüllte er:

„Naifko!" Mein Großvater lief auf ihn zu.

„Herzlich willkommen!"

„Sag mir, wo du den geschmuggelten Tabak versteckt hast, und dann lass ich dich in Ruhe", rief Adnan Schamso voller Hochmut und Zorn. Es war nicht verwunderlich, dass die Kurden ihm den Spitznamen „Wolf" gegeben hatten, so entschlossen und unerbittlich verfolgte er die kurdischen Schmuggler, die den verschiedenen Stämmen der Kurden, Muhallamis und Mirdalis angehörten. Das waren Araber aus Mardin, die in der Türkei, in Syrien und im Libanon lebten, einen Mischmasch aus Arabisch, Kurdisch und Syrisch-Aramäisch sprachen und zum Lebensunterhalt Tee, Tabak und Waffen zwischen Syrien und der Türkei schmuggelten.

Adnan Schamso trank einen Kaffee und rauchte eine Zigarette mit meinem Großvater, ohne etwas herauszufinden. Mit gespielter Enttäuschung kehrte er nach Qamischli zurück.

Großvater Naifko gab damit an, dass sein Verwandter Adnan Schamso zuverlässig und loyal war. Aber manchmal murrte er auch, wenn einige seiner Männer, unbedeutende kleine Schmuggler, geschnappt wurden.

Wenn die Kinder Adnans Auto ins Dorf fahren sahen, riefen sie immer „Der Wolf kommt! Der Wolf kommt!" und rannten nach Hause.

Mein Großvater Naifko erwartete ihn jedoch mit einem strahlenden Lächeln in der Gewissheit, dass sein Tabak an einem weit entfernten Ort gut aufgehoben war.

Das Kurdistan von Deir el-Zor

Onkel Dschamilo beschäftigte sich während seines gesamten langen Lebens – er wurde 90 Jahre alt! – mit den Preisen für Vieh, Weizen, Gerste und Stroh und blieb für die Einwohner von Karssor und die benachbarten Dörfer eine feste Referenz für alles, was man beim Kauf eines Hammels, einer Kuh oder Ziege wissen muss.

Mit 70 Jahren heiratete er zum dritten Mal. Seine neue Frau brachte eine Tochter zur Welt, so schön wie der Mond. Ohne zu zögern, gab er ihr den Namen Kurdistan, obwohl seiner Frau der Name Badia lieber gewesen wäre. So hatte ihre Mutter geheißen, die sich aus unbekannten Gründen selbst verbrannt hatte. Das Glück meines Onkels war unbeschreiblich: Kurdistan kam, Kurdistan lief, Kurdistan war krank, Kurdistan wurde größer, Kurdistan ging zur Schule, Kurdistan machte ihre Hausaufgaben, Kurdistan bestand die Prüfungen.

Als sie noch ein kleines Mädchen war, spielte er oft mit ihr in den staubigen Straßen von Karssor und rannte dem Ball bis ans andere Dorfende nach oder lief hinter ihrem schönen bunten Fahrrad her.

Einmal fragte Barakat meinen Onkel: „Wie kommt es, dass deine Tochter Kurdistan heißt? Du musst nun erstens aufhören, auf dem Viehmarkt zu betrügen, zweitens musst du einer kurdischen Partei beitreten, und drittens musst du mit uns zusammen überlegen."

Mein Onkel antwortete mit den bekannten Worten des berühmt-berüchtigten Muammar al-Gaddafi: „Wer seid ihr?"

Barakat sagte: „Wir sind das kurdische Volk! Wie sollen wir Kurdistan befreien? Es ist doch unverständlich, dass dieses schöne Vaterland …" – bei diesen Worten stellte sich mein Onkel unsere junge Nachbarin im Nachthemd vor – „… weiterhin der Gnade von Kolonialismus, Imperialismus, Feudalismus, Revisionismus, Kommunismus und Sozialismus ausgeliefert sein muss!"

In gespielter Trauer sagte mein Onkel: „Ja, das stimmt! Was müssen wir tun, um Kurdistan zu befreien?"

Barakat fuhr fort: „Jeder von uns muss das geben, was er kann, und in dem Maße die Revolution unterstützen, wie er es vermag." Bei diesen Worten blickte er nach Norden, wo weit entfernt die kurdischen Berge lagen, und fuhr fort: „Doch der erste Schritt ist, die Grenzen Kurdistans festzulegen. Du weißt sehr wohl, dass die Franzosen und Engländer die Grenzen durcheinandergebracht haben. Jetzt obliegt es uns, die Grenzen der Region neu zu ziehen, unabhängig von den Grenzlinien der Herren Sykes und Picot und ihren infernalischen Karten, die allen zu ihrem Recht verholfen haben, außer uns Kurden. Diese Hurensöhne haben uns unser Recht vorenthalten!"

An diesem Abend zeichnete mein Onkel eine Karte von Kurdistan: Die Grenze verlief von Diyarbakir über Mahabad bis Mossul, dann von dort bis nach Aleppo, kehrte dann nach Qamischli zurück, über Deir el-Zor und Raqqa bis Mardin. Von da aus zog er mit sicherer Hand die Linie bis nach Diyarbakir.

Vorsichtshalber malte mein Onkel die Karte mit Bleistift, so dass er die Grenzlinie beweglich nach vorne oder hinten ziehen und nach Belieben Dörfer und Städte miteinschließen konnte. Wenn seine Frau ihm Bulgur mit Hammel kochte, fügte er dem Gebiet neue Städte hinzu. Auf diese Weise gelangte er manches Mal bis an die russische Grenze! Aber wenn jemand seine Schulden bei ihm nicht beglich oder seine Frau ihm nachts im Bett den Rücken zuwandte, oder wenn einer ihn mit einem Wort ärgerte oder er ein geringfügiges Verlustgeschäft gemacht hatte, dann strich er Städte und Dörfer aus der Karte, bis Kurdistan ganz klein war und nur noch Karssor umfasste.

Der bereits genannte Barakat war ganz der Politik verfallen und wechselte von einer kurdischen Partei in die nächste – alles zum Wohle des kurdischen Volkes –, bis er sich schließlich für die Kurdische Arbeiterpartei entschied, die in ihren Kommuniqués vom Aufbau eines demokratischen, volksnahen, sozialistischen Groß-Kurdistans sprach. Doch er nahm auch an den Veranstaltungen der Baath-Partei teil, und in den Ansprachen, die er dort hielt, bekräftigte er stets, Syrien sei das Herz des Panarabismus. Wenn er dann heimkehrte, sprach er wieder von Groß-Kurdistan! Sogar seine Ehefrau Fahima musste ihn tadeln: „Du gackerst wie ein Huhn, das gerade ein Ei legen will. Warum legst du dich nicht auf einen Standpunkt fest?"

Mit gespielter Ruhe antwortete er ihr: „Politik ist die Kunst des Verstellens und der Lüge, da gibt es keinen Platz für Moral, meine Liebe! Willst du etwa, dass ich mein Leben im Palmyra-Wüstenlager oder im Kerker von Seidnaya verbringe?"

Nachdem mein Onkel die Karte von Kurdistan fertiggestellt hatte, ging er nach Aly Farru, ein Dorf, das für seine unumstößliche, eiserne Haltung zu Kurdistan bekannt war, um sie Hadschi Kurdistan vorzulegen. Dieser Mann wurde von einigen auch Hadschi London genannt, weil er stets Radio BBC-London hörte. Keiner erinnerte sich mehr an seinen richtigen Namen Dscha'far. Er ließ nichts unbeaufsichtigt, das mit der nationalen Sicherheit Kurdistans zusammenhing. Doch bevor mein Onkel das Haus des Hadschis erreichen konnte, lauerte ihm bereits eine Patrouille des Geheimdienstes auf.

Mein Onkel versuchte wegzurennen, doch sein dicker Bauch hinderte ihn daran. Er hatte nämlich kurz davor einen ganzen Topf voll Bulgur verschlungen, als er endlich die letzte Grenzlinie des Staates Kurdistan gezogen hatte.

In der Militärsicherheitsabteilung in Qamischli gestand mein Onkel schließlich alles, nachdem er mit dem „Reifen" gefoltert worden war. Bei dieser brutalen Foltermethode wird der Gefangene auf solche Weise in einen Autoreifen hineingezwängt, dass Kopf und Füße auf der gleichen Seite des Reifens herausschauen, und dann dreschen die Folterer auf den Armen von beiden Seiten ein. Mein Onkel versprach seinem Folterer Abu Ali Geld, einen Schafbock und einen Kanister Butterschmalz, wenn er ihn dieses Mal ungeschoren ließe. Er würde sich in Zukunft auch nie mehr mit solch dummen Sachen befassen und ein loyaler, treuer Patriot sein. Und das Bild des Vaters und Führers der Nation Assad würde er in jedem Zimmer seines Hauses aufhängen, im Wohnzimmer, im Gästezimmer und sogar in der Küche.

Abu Ali sagte: „Nun hör mir mal gut zu, in Syrien stehen wir zu den Rechten der Völker und besonders des kurdischen Volkes. Wir sind für ein freies und unabhängiges Kurdistan. Aber wenn die Grenzen dieses Staates bis Deir el-Zor reichen sollten, wird es sehr schwierig, denn Deir el-Zor ist das pulsierende Herz von Syrien. Dann wird mir die Sache aus der Hand genommen, und ich weiß nicht, wie ich das für dich wieder in Ordnung bringen soll."

Da antwortete Onkel Dschamilo: „Schauen Sie, ich habe die Grenzen von Kurdistan doch nur mit Bleistift gezogen."

Dabei zog er einen Radiergummi aus der Hosentasche: „Hier, bitte schön, zeichnen Sie die Grenzen so ein, wie es Ihnen beliebt."

Das Newroz-Fest

Während eines Newroz-Festes, mit dem Kurden und Iraner das Neue Jahr feiern, ohrfeigte einer der Geheimdienstleute ein kurdisches Mädchen. Ein junger Kurde, der einer Gruppe von Motorradfahrern angehörte, stürzte sich auf ihn. Daraufhin griff uns eine Patrouille des Geheimdienstes mit all ihren Männern an. Wir, die Schüler, Frauen und Kinder, wehrten uns. Als eine weitere Patrouille anrückte, rannten wir in die Weizenfelder am Dorfrand von Halku.

Die kurdischen Funktionäre aber stiegen in ihre Autos und flüchteten. Damals liebte ich die Jungs mit den Motorrädern und hasste die Funktionäre mit ihren dicken Autos.

Die Flagge

In der zweiten Klasse war der erste Satz im Lesebuch: „Die Flagge meines Landes ist gehisst." Seit jener Zeit suche ich nach diesem Land.

Der Bezirkskommandant

An der Moschee in der Dorfmitte von Karssor stieg der Hauptmann Alawi as-Sattam aus seinem Toyota-Geländewagen und wandte sich an uns: „Großartiges arabisches Volk!"

Wir verstanden nichts, denn wir kannten nur Kurdisch, klatschten aber dennoch begeistert Beifall. Danach machte sich der Redner über das Hamis her, im eigenen Fett gekochtes Hammelfleisch, zu dem knuspriges Brot vom Ofenblech gereicht wurde.

Ohne sich die Hände zu waschen, fuhr er dann mit seinem Jeep nach Amude weiter.

Wir Kinder rannten dem Jeep hinterher, während die Erwachsenen stolz darauf waren, dass sich die Führung des Landes angeblich so gut um uns kümmerte!

Hunde können nicht lesen

Ein Fuchs, der in den Bergen lebte, stieg in die Ebene hinunter, wo er auf einen anderen Fuchs traf, der in der Wüste lebte. Der Wüstenfuchs fragte ihn: „Woher bist du? Ich habe dich noch nie hier in der Wüste gesehen, in der ich alle Kameraden kenne."

Der Bergfuchs erwiderte: „Ich komme aus den Bergen und bin das erste Mal in der Wüste."

Der Wüstenfuchs warnte ihn: „Hier gibt es viele bösartige Hunde. Pass gut auf dich auf und hab Acht bei jedem Schritt!"

Da lachte der Bergfuchs und sprach: „Ich habe einen Pass und die Erlaubnis des Sultans, mich frei zu bewegen, wo ich will, denn ich habe seinen Sohn vor dem Ertrinken gerettet. Keiner wird es wagen, mir etwas Böses anzutun!"

Sie liefen nebeneinanderher, bis sie an ein Dorf kamen und die Hunde die Witterung der Füchse aufnahmen und sich auf sie stürzten. Die beiden Füchse stoben davon. Der Bergfuchs rannte, so schnell er konnte. Da drehte sich der Wüstenfuchs zu ihm um und fragte: „Warum rennst du weg? Du hast doch einen Pass und ein Dokument des Sultans, das es verbietet, dass man dich angreift."

Der Bergfuchs erwiderte: „Ich befürchte ja nur, dass die Hunde in dieser Gegend nicht lesen können."

Der Vater der Nation

Ein großes Bild des Vaters der Nation hing an einem großen Gebäude in der Nähe der Verbraucherzentrale in Qamischli an der Straßengabelung nach Amude und Hasaka.

Tagsüber roch es dort nach Urin, vor allem im Sommer. Im ganzen Gharbiya-Viertel gab es keinen, der nicht schon einmal in der Nähe des Bildes oder sogar auf das Bild uriniert hat, während der Vater der Nation den Pissenden überschwänglich zuwinkte.

Der Esel

1

Hussein erhob seine Stimme und seine Hand, um die Kinder zu verscheuchen, die sich an seinen Wagen gehängt hatten, der nur mit Mühe den Berg hochkam. Nach dem Tod seines Maultieres war er gezwungen gewesen, Kafani Himo einen ausgemergelten weißen Esel abzukaufen. Kafani war ein Hirte, der in Qamischli und den angrenzenden Orten für seine Zuverlässigkeit und die gute Pflege seiner Herde bekannt war.

Der Esel war nicht gut in Form; er strengte sich zwar an, doch sein schwacher Körper war ihm keine Hilfe. Da nützte es auch nichts, wenn Hussein herumsprang und versuchte, mit ihm den leeren Karren zu ziehen.

Jedes Mal, wenn Chalil Hadschi As'ad ihn so sah, brach er in Gelächter aus: „Was hältst du davon, den Wagen allein zu ziehen? Zwei Esel ziehen einen kleinen leeren Wagen!" Dann hustete er und wischte sich die Lachtränen aus den Augen.

Hussein war froh, wenn keiner der Nachbarn sah, wie er mit dem Esel den Karren zog.

Wenn dann der Karren den Dorfrand endlich erreicht hatte, sprang Hussein auf seinen Sitz mit dem Kissen aus Hühnerfedern, und der Wagen rollte ganz langsam von selbst den Weg bis zu seiner Haustür hinunter.

Als der Esel starb, war Hussein sehr traurig. Aber er war erleichtert, als mein Onkel Dschamilo ihm erzählte, die Regierung habe beschlossen, Esel an die Front zu schicken, um sie vor den Soldaten über die Minenfelder laufen und elend sterben zu lassen. Da waren plötzlich alle Esel verschwunden und die Armee fand in den ganzen Dörfern keinen einzigen Esel mehr.

Das war gegen Ende 1966, wenige Jahre, nachdem Gamal Abdel Nasser Qamischli besucht hatte.

2

Am Morgen des 7. April 1991 blieb unser Zug in einem Bahnhof in der Nähe von Raqqa liegen. Ein Mitglied der örtlichen Parteigruppe kam zu uns und forderte uns auf, an der Demonstration anlässlich des Jahrestages der Gründung der Baath-Partei teilzunehmen. Nun mussten wir aus dem Zug steigen und zu Fuß in die Stadt laufen.

Wir waren eine ganze Weile unterwegs. Bevor wir die Stadt erreichten, sah der Genosse einen Hirten, der auf seinem Esel seiner Herde vorausritt, und forderte ihn auf, sich uns anzuschließen. Der Hirte jedoch bestand darauf, dass dann auch sein Esel und seine Herde mitkommen müssten. Widerwillig stimmte das Parteimitglied zu.

Und so skandierten wir: „Wir opfern unsere Seele und unser Blut für dich, Hafiz al-Assad!" Wir – das waren die Zugpassagiere und der Lokführer, der Hirte, sein Esel und die Herde. Und jedes Mal, wenn der Esel wieherte, lachten wir los, ohne dass der Parteigenosse es merkte.

Muhammad Manssura

Niemand erinnert sich daran, wann Muhammad Manssura zum ersten Mal in Qamischli auftauchte, aber jeder in der Stadt kannte ihn, seine Position und seine Funktion. Alle wussten, wann er seine Mahlzeiten einnahm, kannten seine Hobbys und die Namen seiner Geliebten und seiner Handlanger, die im Dunkeln die Geheimdienstabteilung aufsuchten, ihre Berichte dort abgaben und dann überglücklich zu ihren Lehmhäusern im Tay-Viertel oder anderswo zurückkehrten.

Die steigende Anzahl dieser Helfer der Abteilung für militärische Sicherheit – wir wollen einmal diese etwas mildere Bezeichnung benutzen, obwohl sie im allgemein gängigen Sprachgebrauch „Agenten" hießen – war direkt mit der Ankunft von Muhammad Manssura verbunden. Das ging so weit, dass die Leiter der anderen Abteilungen, wie der Staatssicherheit und der politischen Sicherheit, über die geringe Anzahl von Helfern und Agenten klagten, was ihre Arbeit beeinträchtigte.

Es war offensichtlich, dass die Führung keine Konkurrenz zwischen diesen Abteilungen wollte. Alle sollten der Hauptabteilung zuarbeiten, nämlich der Abteilung für militärische Sicherheit, denn Muhammad Manssura galt als der wichtigste Mann des Präsidenten in der gesamten Provinz Hasaka.

Seit seiner Ankunft in Qamischli war er darum bemüht, sich den Kurden, Arabern und Aramäern als einer von ihnen zu präsentieren, der sie liebte und respektierte. Die Führung habe ihn mit dem Auftrag geschickt, ihnen zu dienen, ihre Stadt voranzubringen,

Dienstleistungen für sie bereitzustellen und der Führung in Damaskus all ihre Anliegen zu übermitteln.

Man sah ihn ganz normal im Restaurant Damaskus sitzen und essen. Danach trank er einen Tee im Café Karabis und kehrte dann zu Fuß in seine Abteilung zurück - und das alles, ohne einen einzigen Piaster zu zahlen.

Jeden Morgen trieb er Sport. Dabei trug er einen blauen Sportanzug von Adidas mit dunkelblauen und weißen Streifen, ein weißes T-Shirt und weiße Sportschuhe. Er ging vom Geheimdienstgebäude zum Park gegenüber der Scharq-Tankstelle und fing dann an zu rennen, bis er zwischen den Bäumen verschwand. Auf dem Rückweg kam er an einem kleinen Imbiss vorbei, der gekochte Saubohnen anbot. Dort frühstückte er und trank Tee und Kaffee. Dann beeilte er sich, um die Berichte durchzulesen, die ihm der Pförtner zusammen mit einer Tasse stark gesüßter Kaffee und einem Glas kaltes Wasser neben die Schachtel mit edlen kubanischen Zigarren auf den Schreibtisch gelegt hatte.

Mit List und Tücke schaffte er es, Beziehungen zu allen politischen Parteien zu knüpfen. Alle politischen Kommuniqués liefen über ihn und er segnete sie entweder ab oder versah sie mit Anmerkungen.

Die einzige Partei, die im Geheimen arbeitete und die Obrigkeit nicht fürchtete – obwohl Hunderte ihrer Mitglieder verhaftet worden waren –, war die Kommunistische Arbeiterpartei, die ihre Kommuniqués nachts verbreitete, aber auch tagsüber, wenn es keiner erwartete.

Die drei Sicherheitsapparate führten eine konzertierte Kampagne, um der Mitglieder dieser Partei habhaft zu werden, unter denen sich eine Anzahl junger kurdischer Männer befand. Auch wenn Muhammad Manssura sich stets beeilte, die Verhafteten nach grausamen Folterpartys und eiligen Verhören der Geheimdienstabteilung „Palästina" in Damaskus zu überstellen, rief er davor immer die Verhörer zusammen mit den kurdischen Gefangenen zu sich ins Büro und hielt diese Rede: „Ihr seid Kurden und ihr habt eine Heimat, die Kurdistan heißt. Euer Platz ist dort, auf den Gipfeln der hohen kurdischen Berge. Eure Aufgabe und eure Rolle ist es, an der Befreiung Kurdistans mitzuwirken. Geht ins irakische Kurdistan, nach Zentralkurdistan, ins türkische Kurdistan!" Dabei wandte er sich dem Taurusgebirge zu und schloss: „Diese Berge rufen nach euch!", und eine heiße Träne rollte ihm über die Wange.

Kurdistan ist überall

Muhammad Manssura blieb vier Jahrzehnte lang Leiter in der Provinz Hasaka. Manche sahen in ihm sogar eine Miniaturausgabe von Hafiz al-Assad.

Der Präsident hatte ihn zum Leiter des militärischen Geheimdienstes in Qamischli ernannt, doch seine Macht reichte weit darüber hinaus in die gesamte Provinz und sogar in andere Provinzen. Das war vor allem der Fall, wenn es um die nationale Sicherheit, um Imperialismus und Kolonialismus oder um Verschwörungen gegen das fortschrittliche und patriotische System in Syrien ging.

Muhammad Manssura war dafür bekannt, seine Entscheidungen mit Ruhe und Bedacht zu fällen. Nie geschah es, dass er einen Bürger schlug oder beleidigte. Er musste nur eine Augenbraue anheben, damit sich sein Begleiter den armen Menschen über die Schulter warf oder ihn an den Haaren oder am Gürtel ins Verhörzimmer zog, in die „Rote Hölle", wie es Muhammad Manssura einmal wortwörtlich seinen Untergebenen gegenüber genannt hatte: „Ihr werdet alle ins Paradies kommen, weil ihr die Soldaten des Genossen und Führers Hafiz al-Assad seid und es nur eine Hölle auf Erden gibt und die ist hier bei uns!"

Da klatschten alle dem Genossen Führer, der sogar an seine Soldaten und an ihre Zukunft im Diesseits wie im Jenseits dachte, begeistert Beifall.

Wer lebend aus der Roten Manssura-Hölle herauskam, machte seinen Mund nicht einmal beim Zahnarzt mehr auf. Selbst wenn Jahre später ein Wunder geschah und er doch über diese Erfahrung sprach, erzählte er nur von der Güte Muhammad Manssuras, seiner Menschlichkeit, seiner Reinheit und Aufrichtigkeit. Er sprach davon, dass er in seinem Büro ein großes Bild von Hafiz al-Assad aufgehängt hatte, auf dem dieser vor einer großen Sonne den Soldaten zuwinkt, die aus dem glorreichen Oktoberkrieg zurückkehren. Gemalt hatte es der bekannte syrisch-aramäische Maler und Sänger Jean Karat.

Einmal nun wagte es eine der ältesten und stärksten syrisch-kurdischen Parteien, in ihrem Zentralorgan einen Artikel zu publizieren, den der Generalsekretär der kurdisch-nationalen Progressiven Demokratischen

Sozialistischen Partei verfasst hatte. Er schrieb dort über die Errungenschaften der Reformbewegung, die dem syrischen Bürger – ganz gleich, ob Araber, Kurde, Syrisch-Aramäer, Armenier oder Tscherkesse – seine Würde wiedergegeben, die imperialistischen und zionistischen Verschwörungen gegen Syrien, das Bollwerk der Standhaftigkeit und des Widerstands, hinweggefegt und das Land, seine Menschen und selbst seine Tiere befreit habe. Denn auch die syrischen Tiere litten genau wie die Menschen unter den Verbrechen des Kolonialismus, der das Vermögen des Vaterlandes und vor allem den tierischen Reichtum geplündert hatte.

Am Ende des Artikels bekräftigte der Generalsekretär, dass das kurdische Volk in „Syrisch-Kurdistan" ein Teil des großartigen syrischen Volkes sei, das an der Seite der heldenhaften Führung stehe, die in ihrem Kampf zur Befreiung Palästinas, der Golan-Höhen und Südlibanons nie ruhe.

Als die Zeitung erschien, die per Hand vertrieben wurde, schickte Muhammad Manssura seinen kurdischen Fahrer Kanaan los, um den Generalsekretär zu sich zu bestellen. Dieser fand sich geschwind im Büro von Abu Dschasim – das war Muhammad Manssuras Spitzname – ein:

„Es ist hoffentlich alles in Ordnung? Ist etwas passiert?"

„Nein, nichts ist passiert. Ich wollte dich einfach gern mal wieder sehen und dachte mir, ich trinke gemütlich einen Mate-Tee mit dir. Ach, und übrigens, was soll dieser schräge Artikel?"

„Welcher Artikel?"

„Der da! ‚Syrien, das Bollwerk, an dem die Verschwörungen scheitern!‘“

Nun bemerkte der Generalsekretär die Zeitung auf dem Tisch.

„Hat er Ihnen denn nicht gefallen? Glauben Sie mir, wir haben ihn zusammen verfasst, ich, das Politbüro, das Zentralkomitee und ein großer Teil der Basis unserer Partei. Und zwar nicht mit Tinte, sondern mit unserem Blut!“, erwiderte der Generalsekretär im Duktus der Baath-Partei, die stets wiederholte, sie schreibe mit ihrem kostbaren Blut.

„Tatsächlich ist das ein schöner Artikel, wenn da nicht dieses Wörtchen ‚Syrisch-Kurdistan‘ wäre. Was habt ihr euch denn dabei gedacht, Freundchen?“, fragte der Geheimdienstleiter den alten Mann geringschätzig.

„Nichts weiter, wir haben es nur so geschrieben, damit die Leute wissen, dass wir eine kurdische Partei sind. Sie können mir glauben, dass die Basis immer mehr bröckelt. Ich habe schon Angst, bald der einzige in der Partei zu sein. Wollen Sie, dass uns das passiert und wir uns nach 50 Jahren Kampf zum Gespött machen?“

„Nein, das will ich nicht. Aber nimm dich in Acht! Wenn du noch ein weiteres Mal von ‚Syrisch-Kurdistan‘ sprichst, dann zeig ich's dir, bei meiner Ehre! Auch wenn du sehr wohl weißt, wie sehr ich dich mag. Von mir aus schreib Irakisch-Kurdistan, Türkisch-Kurdistan, Sowjetisch-Kurdistan, Somali-Kurdistan, mein Guter! Aber, was soll das denn? Ist euch nichts anderes als Syrisch-Kurdistan eingefallen?!“

Lenin

Das erste Bild des Großen Genossen Lenins, dessen Namen wir „Lilin" aussprachen, sah ich auf einer Veranstaltung von fünf syrischen Kommunisten, die wir nach ihrem Anführer Chalid Bakdasch die „Bakdascher" nannten, im Dorf Aly Farru. Ich war damals zehn Jahre alt und seine Augen auf dem Plakat wirkten auf mich böse und hinterhältig.

Als ich größer wurde, kam ich zu der Überzeugung, diesem Genossen, der sein Leben lang gegen den Kapitalismus gekämpft hatte, Unrecht getan zu haben. Natürlich fand ich meinen Platz dort bei den Schwachen und Geknechteten, für die „Lilin" den Begriff „Lumpenproletariat" geprägt hatte.

Als ich dann zur Uni ging, las ich alle Texte des Großen Genossen Lenin, die der Moskauer Fortschritts-Verlag herausgebracht hatte. Ich kaufte sie für wenig Geld von der Dar al-Fadschr-Buchhandlung hinter dem Touristenhotel in Aleppo. Da entdeckte ich, dass mich mit diesem Mann nichts außer diesen Textauszügen verband, und so befreite ich mich auch von denen: Ich schenkte sie einem Freund, der sich ganz zufällig der Syrischen KP angeschlossen hatte, nachdem er eine um etliche Jahre ältere Witwe kennengelernt und sich in sie oder genauer gesagt in ihr pralles Gesäß verliebt hatte. Sie war auch ganz zufällig eine Bakdasch-Kommunistin. Aufgeregt erklärte er mir, dass es solcher Art von Bildung bedürfe, um an diese Genossin heranzukommen.

Ein langer kurdischer Film

Einmal nahm ein Mitglied des Regionalkomitees an einer Versammlung mit der Kommunikationsabteilung der Sozialistischen Demokratischen Kurdischen Partei der Lastenträger in Syrien teil. Wie ein König saß er da, vor sich eine Tasse schwarzer Kaffee, eine Marlboro-Schachtel, ein brandneues Telefon und eine alte Ausgabe der Parteizeitung „Der kurdische Lastenträger".

„Genossen, wie ihr wisst, ist der Imperialismus am Untergehen. Wir, die Arbeiterklasse, werden siegen und unseren Staat aufbauen, einen Staat der Gerechtigkeit und der Freiheit, des Sozialismus und der Demokratie in Groß-Kurdistan, das vom Atlantik bis an den Golf reicht!"

Ein Murmeln ging durch den Saal und einige schauten sich mit vor Angst blassen Gesichtern unbehaglich um. Ein Mitglied der Kommunikationsabteilung hob die Hand.

„Ja bitte, Genosse, willst du etwas sagen?"

„Ja, Genosse, Sie sagten Groß-Kurdistan, das vom Atlantik bis zum Golf reicht. Ich glaube, es ist das arabische Vaterland, das vom Atlantik bis zum Golf reicht, nicht wahr?"

Das Mitglied des Regionalkomitees nahm sich eine Marlboro aus dem Päckchen und zündete sie an: „Genosse, du hast recht. Aber du weißt ja, Politik ist die Kunst des Lügens und Betrügens. Wir geben doch unser Kommuniqué anlässlich des Tags des Lastenträgers heraus. Angenommen, diese Erklärung fällt dem Geheimdienst in die Hände. Was sagen wir dann dem teuren Genossen, dem Leiter des Geheimdienstes Muhammad Manssura?"

Alle schwiegen.

„Wir würden ihm sagen, dass uns da ein Druckfehler unterlaufen ist", fuhr der Genosse fort, „wir würden ihm sagen, wir meinten das arabische Vaterland. Damit wären wir", und hier zwinkerte er mit dem linken Auge, „den obligatorischen Besuch beim Geheimdienst los, und gleichzeitig mobilisieren wir damit eine große Anzahl von neuen Anhängern, die von so einem großartigen Vaterland träumen. Ihr kennt doch unser Problem: In unserer Partei sind ja nur noch der Vorsitzende der Partei, seine Frau, seine Kinder, sein Onkel, seine Schwester, ihr und ich."

Der Kurdistan-Kaugummi

Der Lebensmittelhandel von Astu war der bekannteste Laden im Gharbiya-Viertel, einer der wichtigsten Gegenden von Qamischli.

Astu mit seinem dicken Bauch saß mitten im Laden. Er war die ganze Zeit damit beschäftigt, Sonnenblumenkerne zu knacken, und wenn keine mehr da waren, machte er mit gefüllten Keksen weiter und stürzte dazu eine Flasche Sinalco hinunter. War er damit fertig, schälte er eine Orange und stopfte sie sich auf einen Schlag in den Mund, und wenn sie zu groß war, teilte er sie in zwei Hälften. Dann begann er, über seine zehn Söhne zu schimpfen, weil sie sich nicht um die einzige Quelle für ihren Lebensunterhalt kümmerten, wo es doch im Gharbiya-Viertel immer mehr Lebensmittelläden gab. Er sagte ihnen immer wieder: „Schaut euch die Söhne von Tiru an, von denen könnt ihr was lernen. Ich habe gehört, dass einer von ihnen nach Zypern und von da aus weiter nach Amsterdam gereist ist und die Hälfte der Stadt mit allen Häusern, Gassen, Läden und Autos gekauft hat."

An dieser Stelle erinnerte sich Astu stets an die glorreichen Tage, als Groß und Klein morgens in einer langen Schlange vor seinem Laden stand und wartete, bis er ganz stolz mit dem Schlüssel in seiner Hand angeschlendert kam. Er erinnerte sich an seinen Nachbarn, den von allen gefürchteten Polizisten. Dieser aufgeblasene Trottel wiederum fürchtete ihn, weil er ihm Geld schuldete. Seine angeschriebenen Schulden betrugen 3.000 Pfund, von denen er noch nicht ein einziges zurückgezahlt hatte. Er vermied nun sogar, an seinem Laden vorbeizugehen.

Astu erinnerte sich an seine Jugend, als er in Qamischli bekannter war als die berühmten Sänger Said Yusuf und Salah Rasul. Er erinnerte sich des lausigen Tages, an dem er beschlossen hatte, seine Cousine Sa'da zu heiraten. Sie gebar ihm nach einem Jahr einen Sohn, Fassih, und brachte von da an jeden neunten Monat auf den Tag genau ein Kind zur Welt, bis er schließlich zehn Söhne und acht Töchter hatte. Er erinnerte sich an die Autos und Mopeds, die sich auf der Fahrt von Qamischli nach Karssor vor seinem Laden versammelten, so dass sich in der Tischschublade vor ihm die Geldscheine anhäuften. Er erinnerte sich an die Tomaten- und Gurkenkisten, den Duft von Minze, Petersilie, grünen und roten Paprika, an die Kartoffelsäcke, den kurdischen und arabischen Joghurt und den Duft von Honig und frischem Butterschmalz.

An all das erinnerte sich Astu, als er bekümmert zu dem neuen Laden des Schleimers Baran blickte, der ganz raffiniert verbreiten ließ, er sei ein Neffe des Kurdenführers Mulla Mustafa Barzani. Der Laden lag nur ein paar Meter von ihm entfernt. Obwohl Barans fünf Söhne und seine Frau ihm unermüdlich halfen, hatte Baran wegen der vielen Kunden keine Zeit, sich zu setzen. Ein Fremder hätte meinen können, dies sei kein Laden, sondern eine staatliche Behörde, bei der sich in der Früh Männer, Frauen und Kinder in einer langen Reihe anstellten und auf ihren Anteil von Joghurt und Zucker warteten.

Der fette Astu überlegte Tag und Nacht, wie er Barans Laden einen entscheidenden Schlag versetzen könnte. Es hatte nichts genützt, dass er ihm seit einem Jahr jeden Morgen etwas Schlechtes an den Hals wünschte: „Gott, nimm ihn hinweg aus dem Gharbiya-Viertel! Befördere ihn und seinen Laden aus dieser vergänglichen Welt ins Jenseits, du barmherzigster aller Erbarmer!"

Dieses Bittgebet wiederholte er hundertmal, genauso viele Perlen hatte nämlich sein langer schwarzer Rosenkranz.

Endlich rief er an einem kalten Morgen: „Ich hab's!"

Er sprang aus dem Bett, ungefähr eine Stunde vor dem Morgengebet, ergriff den Schlüssel und lief in seinen Laden. Dort betrachtete er die neue bunte Schachtel Mastix und drückte sie an sich, während ihm Tränen über das Gesicht liefen: Auf der Schachtel gab es drei Linien in grellen Farben, eine grüne, eine rote und dazwischen eine gelbe. Er vergewisserte sich ein weiteres Mal: grün, rot, gelb! Er weinte vor lauter Freude, das waren nämlich zufällig die Farben der kurdischen Flagge! Dies war die Bombe, die den Laden vor den Augen seines Besitzers, seiner Kinder und seiner Kunden hinwegfegen würde.

Die Kinder verließen ihre Schulen, die Frauen ihre Wohnungen und Küchen und die Männer ihre Arbeit. Alle liefen sie zu Astus Laden, um Kurdistan-Kaugummi zu kaufen. Innerhalb weniger Stunden hatte er seinen gesamten Bestand an Tee, Reis, Kaffee, Gemüse, Obst, Konserven, Fett und Öl verkauft. Baran blieb mit seiner Frau, den Söhnen und den Fliegen allein im Laden. Astu wurde ein Nationalheld und Baran starb nach einer Woche an einem Herzinfarkt. Seine letzten Worte waren: Kurdistan-Kaugummi.

Ein Hemd

Zwei Tage vor dem Fest hielt Husseinu in seinem Auto vor unserem Haus und schrie:

„Abu Alan, Abu Alaaaan, dalli dalli, mein Lieber!"

Mein Vater, der auch Abu Alan, Alans Vater, genannt wurde, steckte sich schnell noch Tabak ein, und meine Mutter wies ihn an, die Süßigkeiten für das Fest nicht in Astus Laden zu kaufen, sondern von einem Laden gegenüber dem Büro vom Makler Bahri auf dem Markt in Qamischli.

Als wir in Qamischli ankamen, waren die Läden noch geschlossen, und der Duft von Tee und Kaffee erfüllte den großen Markt. Die Gelegenheitsarbeiter warteten auf eine Tagesbeschäftigung auf irgendeiner Baustelle oder Feld. Sie saßen auf den Bürgersteigen, rauchten, tranken Tee und lachten fröhlich.

Mein Vater sagte: „Ich kaufe dir, sobald die Händler ihre Läden aufmachen, ein Hemd und eine Hose" und zündete sich an der ersten Zigarette die zweite an. Ich betrachtete die Fältchen um seine Augen und seinen Drei-Tage-Bart und klammerte mich enger an ihn.

Als wir zurückkamen, sagte meine Mutter: „Das Hemd ist schön, auch wenn's ein bisschen groß ist. Das kann er auch noch zum nächsten Fest tragen." Und so zog ich das schöne Hemd an und lief durch die Straßen wie ein Filmheld.

Wenn ich nun nach all diesen Jahren meinen Kleiderschrank inspiziere, suche ich nach diesem Hemd. Vielleicht finde ich es ja eines Tages wieder. Dann kann ich wieder ein Held sein.

Araber sein

An meinem ersten Schultag drehte ich mich zu meinem Bruder Rakan um, der hinter mir saß, und fragte ihn auf Kurdisch: „Ich habe Hunger, wann gehen wir wieder heim?" Danach sah ich nichts mehr, denn ein Schlag so gewaltig wie ein Berg und so stark wie eine Atomexplosion traf mich.

„Sprich Arabisch, du Mistkerl!"

Auch mein Bruder fing an zu weinen, der Tisch weinte, meine Mutter weinte, die Felsen in der Ferne weinten.

Als ich meinem Vater davon erzählte, nahm er mich in den Arm, zündete sich eine Zigarette an und sagte: „Der Tag wird kommen, an dem unsere Kinder in ihrer eigenen Sprache in der Schule unterrichtet werden. In der Musikstunde werdet ihr die Lieder von Muhammad Scheicho auswendig lernen und anstelle der Gedichte des abgehalfterten arabischen Nationalisten Suleiman al-Issa werdet ihr Gedichte von dem kurdischen Dichter Dschakar Chayun lesen, der für seine Gedichte über die Kurden und Kurdistan berühmt ist."

Am Ende des ersten Tages erzählte Vater uns nach dem Abendessen eine Geschichte:

Die Fabel vom Fuchs und der Alten

Es war einmal vor langer Zeit eine alte Frau, die allein in einer einfachen Hütte in einem Dorf unweit von Karssor lebte. Sie besaß eine Ziege, die sie hegte und pflegte. Jeden Tag molk sie sie und machte aus ihrer Milch Joghurt, den sie zum Frühstück aß. Eines Nachts nun schlich sich heimlich ein Fuchs ins Dorf und entdeckte den Joghurt, den die Alte mit einem Korb aus Reisig abgedeckt hatte. Er wartete, bis die Alte im Schlaf schnarchte, lüpfte den Deckel und fraß den Joghurt.

Mehrere Tage lang wiederholte der Fuchs seine Beutezüge. Eines Nachts jedoch nahm die Alte ein Nudelholz in die Hand, versteckte sich hinter der Tür und wartete auf ihrem feindlichen Räuber. Als der Fuchs gerade den Korbdeckel vom Topf hochheben wollte, versetzte ihm die Alte mit der Nudelrolle einen Schlag.

Sie traf jedoch nicht wie erhofft seinen Kopf, sondern seinen Schwanz. Dabei wurde ein Stück des Schwanzes abgetrennt, und der Fuchs entfloh laut heulend vor Schmerz.

Als er mit blutendem Schwanz bei seinen Freunden ankam, umkreisten sie ihn und spotteten über ihn und die abgetrennte Schwanzspitze.

In der folgenden Nacht kehrte der Fuchs zur Alten zurück und flehte sie an, ihm die Schwanzspitze zurückzugeben. Die Alte verlangte jedoch von ihm, ihr als Ersatz für den Joghurt zuerst Milch zu bringen, bevor sie ihm den Schwanz zurückgeben könne.

Daraufhin suchte der Fuchs die Ziege am Dorfrand auf und bat sie um einen Eimer voll Milch. Die Ziege jedoch verlangte von ihm, ihr erst ein Büschel frisches Gras zu bringen. Der Fuchs begab sich zur Wiese und bat sie um Gras, doch die Wiese verlangte von ihm, er solle sie zuerst mit Quellwasser gießen. Er wandte sich zur Quelle und bat sie um Wasser, doch die Quelle wollte, dass zunächst die Mädchen an ihr tanzen sollten. Da suchte der Fuchs die Mädchen auf und bat sie, an der Quelle zu tanzen, doch sie verlangten erst einmal neue Schuhe. Also ging er zum Schuster, dieser jedoch verlangte als Preis für die Schuhe Eier. Die Hühner wiederum wollten Körner von ihm, und so ging er aufs Feld und verlangte vom Weizen Körner, doch das Feld wollte zuerst mit Flusswasser gegossen werden. Also flehte er den Fluss um Wasser an. Der Fluss warnte ihn davor, die Alte noch einmal zu bestehlen, denn dann würde er dem Wunsch, das Feld zu bewässern, nicht erfüllen, und das Feld würde ihm keine Körner geben, die Hühner keine Eier, der Schuster keine Schuhe, die Mädchen würden nicht an der Quelle tanzen, die Quelle nicht mit Wasser überströmen, um die Wiese zu bewässern, die Wiese würde ihm kein Gras für die Ziege liefern und diese ihm keine Milch, und so würde er für immer mit abgeschnittenem Schwanz leben müssen.

Da brach der Fuchs in Tränen aus und versprach dem Fluss, die Alte nicht mehr zu bestehlen.

Und so bewässerte der Fluss das Feld, das dem Fuchs Körner gab. Er trug sie zu den Hühnern und sie gaben ihm dafür Eier für den Schuster. Dieser fertigte neue Schuhe an, die die Mädchen anzogen und damit an der Quelle tanzten. Die Quelle ließ Wasser auf die Wiese strömen, die Wiese gab ihm dafür Gras für die Ziege, und die Ziege gab ihm Milch, die er der Alten brachte.

Die Alte gab dem Fuchs sein Schwanzstückchen zurück, das sie mit leuchtenden Farben gefärbt hatte. Der Fuchs, stolz auf seine neue Schwanzspitze, tänzelte zu seinen Kumpanen. Überwältigt von seiner Schönheit umringten sie ihn und erkundigten sich, woher er diesen schönen Schwanz habe. Der Fuchs erzählte ihnen von einer Wasserquelle in der Nähe, in die man seinen Schwanz die ganze Nacht bis zum Morgen eintauchen müsse, damit er so schön herauskäme. Er beschwor sie, den Schwanz keinesfalls früher aus dem Wasser zu ziehen, wie sehr sie auch frören, denn je kälter, desto schöner verziert käme der Schwanz am Ende heraus. Da eilten alle Füchse zu der Quelle und steckten ihren Schwanz ins Quellwasser. Doch das Wasser gefror vor Wut zu Eis, in dem die Schwanzspitzen steckenblieben und abbrachen. So wurden alle Füchse schwanzlos. Der schlaue Fuchs jedoch verspottete sie und stolzierte am Flussufer davon.

Der zweite Tag

Blankoscheck

Jedes Mal, wenn ein kurdischer Anführer verkündete, er werde für uns Kurdistan befreien, stellten wir ihm einen Blankoscheck aus. Er nahm den Scheck und fuhr davon, um Kurdistan zu befreien. Danach hörten wir nie wieder von ihm.

Als der Sozialismus in einem Karton ankam

Zuerst kam ein großes Bild von Hafiz al-Assad an und dann die Fahne der Baath-Partei. Beides schleppte Ibrahim al-Aschiti in einem großen Karton aus dem Parteibüro in Aly Farru herbei. Dann brachte er ein kleines Bild des Genossen Lenin und eine noch kleinere Flagge der Sowjetunion.

Die Arbeiter und Bauern blieben neugierig stehen. Es gab einen Arbeiter für die Reparaturen des Traktors der Bauernvereinigung und fünf Bauern, darunter auch Scha'bano, der kein einziges Stückchen Land besaß. Doch der Vorsitzende der Bauernvereinigung, Nuri Schaqiq Ibrahim, bestand darauf, Scha'bano zu den Bauern zu rechnen.

Wir hängten das Bild von Hafiz al-Assad ins Büro des Bürgermeisters und das Lenin-Bild ins Haus von Chalil Hadsch As'ad, der stets betete, das Fasten einhielt und leidenschaftlich gern Bulgur aß. Außerdem liebte er den Kommunismus und die Befreiungsbewegungen der ganzen Welt.

Am folgenden Morgen bat der Schuldirektor Chalaf Barru den Klassensprecher Hasniki, der für seine schöne Handschrift bekannt war, auf ein Stück weißen Stoff in großer, deutlicher Schrift die Baath-Parole „Einheit! Freiheit! Sozialismus!" zu schreiben. Den Stoff hatte er von daheim mitgebracht. Seine Mutter hatte ihn zum Flicken weißer Kleidungsstücke verwendet, die durch häufiges Tragen und die minderwertigen Reinigungsmittel der Staatlichen Verbraucherorganisation verschlissen waren. Die Leitung der Organisation in Kurbawi zwang die Leute zu Beginn jeden Monats dazu, ihre Produkte zu kaufen, wenn sie ihnen unter Vorlage von Lebensmittelkarten Öl, Reis, Tee und Zucker zu verbilligten Preisen anbot.

Man erzählt sich, dass die Mutter den Schuldirektor fragte: „Kann ich die Kleidungsstücke mit Einheit und Freiheit, oder lieber mit Sozialismus flicken?"

Als er erwiderte: „Das hier ist wichtiger als Kleider ausbessern", schüttelte sie den Kopf: „Es ist echt erstaunlich, wie sie einen solchen Dummkopf wie dich zum Schuldirektor ernennen konnten!"

Scherko

1

Die Frau meines Onkels war allein im Wohnzimmer und sammelte die Knochen des Hühnchens ein, das mein Onkel blitzschnell verschlungen hatte. Nur die blank abgenagten Knochen hatte er übriggelassen. Dann hatte er einen Krug kurdischen Joghurt getrunken, seinen Schnurrbart mit der Hand abgewischt, eine Zigarette angezündet und das Haus verlassen.

In diesem Augenblick trat Scherko ein und rief: „Ich habe Hunger!"

Scherkos Mutter, die zweite Frau meines Onkels, war verärgert, weil sie keinen Bissen vom Hühnchen abbekommen hatte, und erwiderte: „Geh mir aus den Augen und iss doch deinen Vater!"

Von der Tür des Gästezimmers aus konnte Scherko die Knochen im Wohnzimmer sehen und verstand, dass sein Vater das ganze Hühnchen allein verspeist hatte und nun sicher mit Husseinu, der seit zwei Tagen damit beschäftigt war, sein kaputtes Auto zu reparieren, eine Zigarette rauchte. Da versetzte er der Teekanne, dem Radio, das sein Vater mehr liebte als seine Kinder, der Tür und dem Hund Saman, der sich an ihn zu schmiegen versuchte, einen Fußtritt. Der Hund flüchtete vor Schreck und aus Angst, von Scherko gebissen zu werden.

Scherkos Mutter weinte vor Zorn und schrie ihn an: „Du Nichtsnutz, fahr doch zur Hölle!"

Als mein Onkel seine Frau schreien hörte, rannte er stracks heim. Scherko sah ihn kommen, sprang aus dem Fenster und floh aus dem Dorf hinaus.

Mein Onkel lud seine Browning und feuerte einen Schuss in die Luft ab.

Da rannte Scherko noch schneller.

Mein Onkel schoss eine zweite Kugel ab.

Die Frau meines Onkels schrie: „Auf den Boden, du Dummkopf!"

Da warf sich Scherko ins Weizenfeld und floh auf dem Bauch robbend bis nach Qamischli.

2

In der siebten Klasse hörte ich den Leiter der syrischen Rundfunk- und Fernsehanstalt Adil Yasidschi über den türkischen Regisseur Yilmaz Günay und seinen Film *Yol – Der Weg* sprechen, den er vom Gefängnis aus gedreht hatte.

Von dem Tag an liebte ich das Kino und genoss es, mit einem Falafel-Sandwich und einer Flasche Sinalco-Cola die Filme mit Samira Tawfiq, Sabah und Nadschla Fathi anzuschauen.

Als Jugendlicher mochte ich besonders die ägyptische Schauspielerin Soheir Ramsi, von deren üppiger Figur ich ganz hingerissen war.

Der Held des ersten Films, den ich drehen würde, wäre mein streitsüchtiger Cousin Scherko, der mir ständig mit und ohne Grund Schläge verabreichte.

Ihm teilte ich die Rolle des jungen Rabauken zu, der Kinder verhaut, während ich die Rolle des Polizisten übernahm.

Polizist: „Warum schlägst du Kinder?"

Scherko: „Ich mag keine Kinder."

Polizist: „Warum schlägst du die Kleinen, du Hurensohn?"

Scherko: „Selbst Hurensohn."

Dann würde ich, der Polizist, ihn mit gewaltigen Schlägen traktieren, während er auf dem Boden liegend wimmerte: „Bitte haben Sie Erbarmen!"

Bravo, Scherko, du wirst ein berühmter Schauspieler werden, so wie Kirk Douglas.

3

Scherko behandelte mich immer gemein, ob nun mit oder ohne Grund und trotz meiner Versuche, seinen Strafmaßnahmen zu entgehen. Ich war kein Feigling, ich verteidigte mich ohne Rücksicht auf Verluste und versuchte alles Mögliche, um stärker zu werden. Ich schlürfte rohe Eier aus und aß das Fleisch von Igeln und sogar Schlangen. Scherko hatte gesagt: „Schneid ein Stück von der einen Seite eines Schlangenkopfes ab und eins von der anderen und iss sie. Dann wirst du so stark wie ich."

Ich besorgte mir ein Lehrbuch für Judo und Karate und sah mir im Scheherazade-Kino sommers wie winters alle Filme mit Bruce Lee an.

Aber umsonst!

Doch dann fand ich eine Lösung.

Ich musste einfach vergessen, dass es das Wort „Nein" gab, wenn ich mit Scherko zusammen war.

4

Onkel Dschamilo kaufte sich einen Chevrolet Modell 1955. Das große Problem war allerdings, einen Chauffeur dafür zu finden. Die erste Ehefrau meines Onkels wollte ihren ältesten Sohn zum Fahrer machen, damit er in den Straßen von Karssor angeben und wie James Dean den Arm aus dem Autofenster hängen lassen könne.

Die zweite Frau, die Kleine, wie meine Mutter sie nannte, die hübscher als die erste war, konnte meinen Onkel mit Leichtigkeit zu allem überreden. Er erfüllte ihr alle Wünsche, wenn er sich in ihrem Bett wälzte. Drehte sie ihm den Rücken zu, wusste er, dass sie einen Wunsch hatte, den er erfüllen musste.

So kam es, dass Scherko sein Chauffeur wurde. Er stand früh auf und weckte das ganze Dorf, wenn er den Motor anließ.

Scherko trat gewöhnlich mit einer Zigarette im Mundwinkel aus dem Haus, öffnete die Autotür und legte eine Kassette mit der Musik einer unbekannten kurdischen Sängerin ein, von der außer ihm noch nie jemand gehört hatte und deren Stimme verschnupft klang. Doch Scherko liebte Bilder von ihr, die er in sein Zimmer hängte und auf denen sie Blusen trug, die viele Details ihrer schönen Stimme offenbarten. Dann öffnete er die Motorhaube und betrachtete den Motor, ohne etwas davon zu verstehen.

Er probierte es mehrmals, doch der Motor sprang nicht an. Da begann die „Mutter aller Schlachten" in Karssor. Meine Freunde und ich versammelten uns um den Wagen herum und warteten auf den Lehrer Saido,

der wie ein Pfau in majestätischer Langsamkeit ein-
herstolziert kam. Am Auto angekommen sagte er zu
Scherko, ohne uns zu grüßen: „Du kannst auch nichts
anderes als den Kassettenrekorder anzuschalten."

Dann rief er uns zu: „Los, schiebt, Jungs!"

Er setzte sich ans Steuer und wir schoben den Wagen.
Tar... tar... tar ... ta ... ta... tar... tar. Tarrrrrrrrr!

Und schon flog der Wagen durch Karssors Straßen
und stellte seine mechanischen Muskeln zur Schau!
Dann kehrte Saido zurück und stieg aus.

Scherko stieg ein und wir ebenfalls. Er drehte die
Musik lauter. Die Sängerin stöhnte seufzend: „Jeder
Liebende hat die Hand seiner Geliebten umfasst, nur
ich habe meine Hand auf der Wange liegen." Und wenn
wir am Haus seiner Liebsten im Dorf Naif vorbeifuhren,
fuhr Scherko das Auto, als sei er James Dean.

5

Beim Fußballspiel bestand Scherko darauf, unser
Mannschaftskapitän zu sein. Er zündete eine Zigarette
an und steckte sie sich schräg in den Mundwinkel:

„Alan, lauf, du bist der Torwart! Schafiq, du in die
Mitte! Hassan, du bist der Verteidiger. Madschid, du
bist der Angreifer. Und ich", schrie er uns zu, „ich bin
der Stürmer." Das sagte er jedes Mal, obwohl er in seinem
ganzen Leben außer einem „Eigentor" noch kein einziges Tor geschossen hatte. Damals hatte er sich über
die anderen Spieler geärgert und den Ball wie eine
Rakete in Richtung Tor gekickt. Als Torwart sprang ich
in die Luft und fing aber nur Scherkos stinkenden
Adidas-Schuh auf. Der Ball jedoch flog ins Fenster von

Chadidschas Haus. Als sie zeternd herausgelaufen kam, rannten wir schnell weg und versteckten uns, und am allerschnellsten versteckte sich Scherko.

6

Die erste Lektion in „Kritik und Selbstkritik" lernte ich bei Scherko, als unsere Mannschaft 0:5 gegen die gegnerische Mannschaft aus Aly Farru verloren hatte.

Scherko rief uns hinter dem Hügel zusammen, damit uns keiner sah.

Er zündete sich seine angefangene Zigarette an – denn er pflegte sparsam zu rauchen, eine Zigarette auf zwei Mal – und blickte uns fragend an: „Warum haben wir verloren?" Ohne eine Antwort abzuwarten, sprach er weiter: „Wenn ich der Grund sein sollte, ziehe ich mich im kommenden Frühjahr zurück. Aber erst, wenn ich unsere Ehre wiederhergestellt habe! Ich schwöre bei der Milch meiner Mutter, dem Scharifu, der das erste Tor geschossen hat, das Bein zu brechen! Pass nur auf, Scharifu, du Bruder einer Hure, dass du nicht bald humpelst wie das Hühnchen meiner Mutter!"

7

Als ich in die siebte Klasse kam, zogen wir von Karssor nach Qamischli, um dort auf die weiterführende Schule zu gehen. Dort besaß mein Onkel Dschamilo ein Haus im Halaliya-Viertel in der Nähe einer sehr alten Villa, die so aussah, als würde sie jeden Augenblick zusammenbrechen. Von dort hatte man einen sehr schönen Blick über Qamischli. Wir tranken Tee und rauchten heimlich, wenn mein Onkel auf dem Viehmarkt war.

Scherko zog dann immer ein altes deutsches Fernglas heraus. Er schwor bei der Milch seiner Mutter, dass es einmal Hitler gehört habe, der es bei der Flucht zurückließ. Damit beobachtete Scherko die weit entfernten Balkone der Stadt in der Hoffnung, einen Blick auf eine halb nackte Frau zu erhaschen.

Wenn er dann das Fernglas beiseitelegte, erzählte er mir eine halbe Stunde lang, was er alles gesehen habe. Manchmal gab er mir sogar den Dialog wieder, den ein Ehepaar auf einem Balkon miteinander geführt hätte. Die Frau trug dabei stets einen sehr kurzen Rock oder ein durchsichtiges Nachthemd, und bevor er endete, versicherte er jedes Mal, dass der Mann in dem weit entfernten Haus seine Hand zwischen ihre Schenkel gesteckt habe. Dann stieß er einen langen Seufzer aus, der noch in Karssor zu hören war.

8

Scherko bestand die Abschlussprüfung der Elementarschule nicht und konnte keine einzige Sprache richtig sprechen, noch nicht einmal seine Muttersprache Kurdisch. Die Apotheke nannte er Athopeke, und wenn ich ihn korrigierte, sagte er: „Mensch, Apotheke ist Arabisch, auf Kurdisch heißt das Athopeke."

Einmal las er die Zeitung „Kampf des Volkes", die langweilige Zeitung der syrischen KP, genauer gesagt, er blätterte sie durch, und als er darin keine Bilder von nackten Frauen fand, nach denen er normalerweise in türkischen Zeitschriften und Zeitungen suchte, warf er sie weg und verfluchte Chalid Bakdasch. Dennoch profitierte er davon, sich die Zeitung angesehen zu haben, da er dadurch den Genossinnen in der Parteizelle des Ortes näherkam. Er lernte Begriffe wie „der unabänderliche Niedergang des Kapitalismus" kennen, bei dem er sich vorstellte, wie er mit den Genossinnen auf dem Bett niedersank, oder der „Sieg der Arbeiterklasse", obwohl er selbst doch Hirte war und sich nicht für den historischen und dialektischen Materialismus interessierte.

Am wichtigsten für ihn war, dass er das Vertrauen des Parteizellenobersten gewann, als er ihm eine Klingel für sein Fahrrad schenkte, was natürlich eine Bestechung war.

Dann hörten wir plötzlich, dass Scherko in „Burgalien" war, wie er Bulgarien nannte, und dort zu den wichtigsten fahrenden Händlern gehörte. Er kaufte Socken und Männerunterwäsche aus syrischer Produktion, die für die gute Qualität ihrer reinen Baumwolle bekannt war, sehr billig ein und verkaufte sie dort Studenten und dort ansässigen Arabern zum vielfachen Preis. Später entschied er sich dann für den Handel mit Damenunterwäsche, weil diese leicht und rein war. „Mmmmmh, wunderbar!", sagte er stets und zwirbelte dabei seinen Schnurrbart.

Man erzählte sich unendlich viele Geschichten über ihn. Zum Beispiel erzählten seine Landsleute in „Burgalien", dass er ihre Arbeit völlig durcheinandergebracht und sie durch ihn ihren Lebensunterhalt verloren hätten. Sein wichtigstes Geschäft soll er mit dem Schmuggel eines Panzers vom Typ T-72 in seiner Tasche von Moskau nach Beirut abgeschlossen haben, wo er ihn an Samir Geagea verkaufte, den extremistischen rechten libanesischen Milizenführer. Außerdem soll er ein Flugzeug vom Typ MiG-21 gekauft haben, das er selbst nach Juba flog, der jetzigen Hauptstadt der Republik Südsudan, und sich vom Rebellenführer John Garang höchstpersönlich auf Heller und Pfennig bezahlen ließ.

Letztendlich beschloss er, ein ruhigeres Leben zu führen und in einen leichten, interessanten und, wie bereits erwähnt, sehr sauberen Handel einzusteigen, den Handel mit Damenunterwäsche. Damit verdarb er den Händlern von Aleppo, Hamidiya und Damaskus das Geschäft und trieb sie in den Ruin, viele von ihnen sogar in den Selbstmord, wie er jedem, der Ohren hatte, erzählte.

Die Geschichte lässt sich schnell erzählen: er erfand den Tanga-Slip oder „das Höschen mit dem String" und verkaufte davon allein in Russland 20 Millionen, in Polen fünf Millionen und in Aleppo eine Million.

Danach eröffnete er eine Firma in China, in der die in Aleppo hergestellten Büstenhaltern und Tangas mit elektronischen Details in Form eines mittelmäßigen Transistors versehen wurden.

„Du liegst im Bett und am Abend vor dem Wochenende betritt deine Frau das Zimmer. Mit einem Knopfdruck fliegt ihr BH weg und mit einem zweiten auch der Tanga", so erklärte er diese chinesische Erfindung.

9

Mein Onkel Dschamilo war einer der größten Viehhändler in Karssor und den benachbarten Dörfern. Wer auf dem Viehmarkt kaufen oder verkaufen wollte, kam nicht ohne seine Dienste und Erfahrungen aus.

Onkel Dschamilo wusste, wie man den Verkäufer so zermürben konnte, dass er letztendlich aufgab und mein Onkel zu dem Preis einkaufen konnte, den er bestimmte. Jemand hatte einmal von einem anderen Händler gehört, dass mein Onkel mit ihm einen geschlagenen Tag wegen eines halben Pfunds herumgefeilscht hatte, eines halben syrischen Pfunds!

Als Mahmud Killy seine einzige Ziege verkaufen wollte, fand er keinen anderen als meinen Onkel, der diese krätzige Ziege an den Mann bringen konnte.

„Die Mutter dieser Ziege kommt aus den Bergen Indiens, sie bringt Glück und Wohlstand und holt die Menschen zurück, die ausgewandert sind, und sie schützt das Haus vor Dschinnen, Teufeln, Neid und ansteckenden Krankheiten!

Scheich Muhammad al-Chasnawi, der große Sufi-Gelehrte – Gott segne ihn! – hat von der Ziegenmilch getrunken und ihr Euter gepriesen!"

Kaum hatte mein Onkel diesen Satz ausgesprochen, da stürzten sich die Leute auf dem Markt auf ihn und die Ziege und er verkaufte sie ... zum Preis einer holländischen Kuh.

Mein Onkel versuchte, seinen Söhnen die Geheimnisse seines Berufs beizubringen, aber nur Scherko eignete sich einen Teil davon an. Als sich mein Onkel zur Ruhe setzte, übertrug er ihm die Verantwortung.

An seinem ersten Tag auf dem Viehmarkt bat ihn ein Mann, ihm beim Verkauf seiner Kuh zu helfen, deren Milch völlig versiegt war. Da schloss Scherko die Augen und öffnete seinen Mund: „Kommt her! Diese großartige Kuh ..., von ihrer Milch hat schon Hafiz al-Assad getrunken ..." Diesen Satz sagte er auf Kurdisch, doch als er ihn ins Arabische übersetzen wollte, ließen ihn seine Sprachkenntnisse im Stich und heraus kam:

„Kommt her! Diese Kuh ist Hafiz al-Assad ...

Kommt her, diese Kuh ist Hafiz al-Assad!"

Im Nu leerte sich der Viehmarkt, die Leute stoben auseinander und sogar das Vieh suchte in Panik das Weite. Kurz danach hielt ein weißer Peugeot-Kombi vor Scherko. Man packte ihn in den Kofferraum und brachte ihn ins Gefängnis der Militärpolizei.

10

Als mein Onkel Dschamilo mit seiner neuen Ehefrau nach Qamischli zog, weinte die ganze Familie, sogar mein Vater.

Qamischli war für uns der entlegenste Ort, den wir uns vorstellen konnten, obwohl die Stadt weniger als zehn Kilometer von Karssor entfernt lag. Doch das einzige Auto im Dorf brauchte eine Stunde für die Strecke, wenn es nicht unterwegs liegenblieb, und es war äußerst selten, dass es nicht liegen blieb! Dann musste man den Rest zu Fuß weiterlaufen.

In den Frühlingsferien kam Scherko nach Karssor und verbrachte die zwei Wochen damit, Hunden, Eseln, Füchsen, Skorpionen und Schlangen hinterherzujagen.

Er erzählte uns Sex-Geschichten, denen wir begeistert lauschten, von Frauen ohne Kopftuch und mit verführerischen Beinen, von Hintern, die in enge Jeans gezwängt waren, vom Stöhnen in lauen Sommernächten, von Dessous, Satin und Spitze, von vorzüglichen Damenparfüms, deren Düfte vom Assyrer-Viertel bis ins fünf Kilometer entfernte Halaliya-Viertel wehten, von den Mädchen des Qaddur-Bey-Viertels in Qamischli, von seinen Rowdys und seinen Messern, von Sabahi, der Eigentümerin des ersten Freudenhauses in Qamischli, das sie nach der erneuten Wahl von Hafiz al-Assad als syrischer Präsident, bei der er der einzige Kandidat war, eröffnete ... und in allen Einzelheiten von ihren süßen Mädchen und den Beduinen, die mit militärischer Disziplin in einer langen Schlange vor dem Haus anstanden, von der Frau eines Polizeioffiziers, die ihren Mann verlassen und mit einem kurdischen Nichtsnutz aus Karbawi abgehauen war, der bei ihrem Mann in der Regionalverwaltung als Fahrer gearbeitet hatte.

Von dieser letzten Geschichte ließ Scherko die eine Hälfte in Karssor und nahm die andere Hälfte mit nach Qamischli.

11

Scherkos Verhältnis zu Insekten war sehr seltsam. Er liebte sie mehr als sich selbst. Doch wenn er wütend war, beförderte er sie ins Jenseits. Eine sehr komische Beziehung, so wie sein Verhältnis zu allen Dingen.

Zu Bäumen, Eseln, Vögeln, Hunden, Tomatenkisten, Ölkanistern, leeren Butterschmalzbehältern und blauen Ford-Traktoren.

Einmal nun stach ein Skorpion meinen Onkel Dschamilo, als er zwischen Holzkisten, alten Eisenteilen, gebrauchten Autoreifen, leeren Behältern, Ölkanistern und verrosteten Sardinendosen, die Scherko sammelte, nach Nägeln suchte, um ein kaputtes Fenster zu reparieren. Meinem Onkel wurde schwindlig. Er konnte nicht mehr laufen und fiel zu Boden. Zwei Nächte lang schlief er und wachte erst auf, als Scheich Ni'mat ihm die Sure al-Baqara in voller Länge aus dem Koran vorlas. Damals erklärte Scherko den Skorpionen den Krieg.

Er nahm eine kleine Plastikkanne und suchte unermüdlich nach Höhlen von Skorpionen. Wenn er eine gefunden hatte, goss er langsam das Wasser hinein und drehte sich lächelnd zu mir um. Wir sahen eine kleine Blase direkt über dem Loch, und wenn der Skorpion herauskam und zu fliehen versuchte, trieb Scherko ihn in die Enge und näherte sich ihm mit der Fingerspitze. Der Skorpion versuchte erneut zu entfliehen, doch darauf hatte Scherko nur gewartet. Wenn der Skorpion ihn zu stechen versuchte, lachte Scherko und trampelte so lange auf ihm herum, bis er tot war.

Jedes Mal, wenn ich danach einen toten Skorpion fand, dachte ich: Da hat Scherko wieder einen schönen Skorpion gestochen!

12

Einmal überraschte mich Scherko vor meiner Haustür in Amsterdam. Er war wie eh und je, als sei er soeben von seiner Herde von den Hügeln um Karssor zurückgekommen.

„Warum schreibst du nur über dich, wo du doch weißt, dass alle Geschichten und Stories, die du schreibst, meine sind?

Echt mal, schämst du dich nicht?

Los, schreib jetzt: Ich bin Scherko

Ich war ein sehr glückliches Kind, ich tötete viele Vögel und gab sie meiner hungrigen Katze zum Fressen, die Vogelfleisch genau so gerne mochte wie meine Mutter. Ich wurde von meinem Vater geschlagen, von meiner Mutter, dem Schullehrer und auch von unserer Nachbarin Amuki. Ich war ein glückliches Kind und liebte Musik. Ich bastelte mir meine eigene Trommel aus einer leeren Halwa-Dose und sang für meine libanesische Lehrerin, die mir aufgegeben hatte, Volkslieder zu lernen, das Lied Buki Dalali, ein kurdisches Volkslied, in dem es heißt: ‚Oh du verwöhnte schöne Braut‘. Ich sagte zu ihr: ‚Aber für Sie doch gern ...‘, und nach einer Woche spielte ich ihr das Lied vor und sang: ‚Athopeker, o Athopeker, ich brauche Medizin für sie, ich brauche Medizin für mich‘. Sie verstand kein einziges Wort und lachte, bis sie auf den Rücken fiel und ich ihren BH sah und unter ihren sehr kurzen Minirock schauen konnte ...

Ich, Scherko, habe meinen Cousin Alan Sido verhauen, der die ganze Zeit über mich schreibt, und ich werde ihn auch schlagen, wenn er aus Deutschland zurückkommt. Weil er aber ein Feigling ist und Angst vor mir und vor der Polizei hat, wird er wohl nie mehr zurückkommen. Er wird in Deutschland sterben, und ich muss dann hier in Karssor um ihn trauern.“

13

Scherko sprach fließend Arabisch, weil er in Qamischli als Sohn einer Araberin und eines Kurden geboren wurde. Sein Vater war mein Onkel, der mitten im Wohnzimmer für Gäste ein großes Bild des Mulla Mustafa Barzani aufgehängt hatte, des kurdischen Revolutionsführers im Irak. Daneben hing ein etwas kleineres Bild von Hafiz al-Assad. Seine kurdischen Pluderhosen, die er nur zum Nowruz-Fest trug, bewahrte er im Schrank auf, in dem auch Bücher des Dichters Dschakar Chayun in kurdischer Sprache und Kassetten von kurdischen Sängern und Sängerinnen lagen. Auch eine uralte Karte von Kurdistan gab es dort. Er reckte stets die Brust heraus, damit die Leute die genau über seinem Herzen eintätowierte kurdische Flagge sahen.

Vor den Leuten behauptete er stets, seine arabische Frau sei eine Kurdin aus Damaskus und spräche deshalb Arabisch mit den Kindern. Die Kinder waren die Übersetzer für die ganze Familie, sowohl bei Behördengängen als auch beim Arzt oder sogar bei den ägyptischen Filmen, die wir jeden Freitagabend ungeduldig erwarteten, vor allem die Filme mit der Schauspielerin Schams al-Barudi. Sie hätte bei uns fast ein Familiendrama ausgelöst, denn wir verliebten uns alle in sie, als wir sie das erste Mal in einem aufregenden ägyptischen Film sahen.

14

Scherko fiel wie immer durch die Prüfungen, und ich musste ihm helfen, seiner Strafe zu entrinnen, die ihm jedes Jahr beim Sitzenbleiben drohte.

Er sagte: „Ich bin ein Esel, ich mag weder die Schule noch die Lehrer noch Stifte und Hefte." Wie kann man so jemandem helfen?

Er sagte auch: „Ich möchte ein Motorrad fahren, einen Traktor oder zur Not auch eine Mähmaschine! Ich will Lieder von Samira Taufiq hören und auf kurdische Hochzeiten gehen!

Ich mag Staub und Hühner, Dörfer und Lehmhäuser! Städte, Autos und saubere Straßen mag ich überhaupt nicht!"

Keiner konnte ihm helfen. Alle, die den Zorn meines Onkels Dschamilo kannten, wussten, was nun kommen würde.

Ich würde ihm kein einziges Mal helfen können. Er wusste das auch und nahm es mir nicht übel.

Scherko trat vor meinen Onkel und sagte: „Ich bin durchgefallen."

Kaum hatte er diese Worte ausgesprochen, als ihm Sehen und Hören verging. Wenn er sich später daran erinnerte, würde er nur laut und lange lachen.

Mein Onkel fiel ihn an wie ein verwundeter Wolf. Er hob ihn vom Boden hoch wie eine Melone und ließ ihn fallen, zerrte ihn wieder hoch, warf ihn nieder und trampelte auf ihm herum.

Keiner kam ihm zu nahe, denn niemand wagte es, dem Armen beizustehen.

Dann war alles vorbei.

Mein Onkel zündete sich eine Zigarette an und ging hinaus. Seine Mutter und Geschwister und ich beweinten Scherko, denn wir hielten ihn für tot.

Er bewegte sich nicht, und Blut lief ihm aus der Nase.

Als mein Onkel das Haus verließ, öffnete Scherko die Augen. Kaum hatte er sich vergewissert, dass mein Onkel weg war, sprang er auf wie ein Fuchs, rannte in die Küche und kickte die Töpfe, den Teekessel und die Zuckerdose herum, dass sie nur so durch die Luft flogen.

Dabei brüllte er: „Ich hab' Huuuuuunger!"

15

Als er 15 Jahre alt war, wollte Scherko heiraten. Eines Abends sagte er zu meinem Onkel Dschamilo: „Ich habe beschlossen zu heiraten, Vater."

Da zog mein Onkel seine Pistole und feuerte mehrere Schüsse in die Luft, so erfreut war er über diese Nachricht.

„Herzlichen Glückwunsch, mein Sohn! Du bist groß geworden, Scherko, ein richtiger Mann!", sagte er stolz.

Scherko verschonte kein einziges Mädchen in den Nachbardörfern mit seiner Liebe, denn der Nichtsnutz Schams ad-Din hatte ihn gewarnt: „Jetzt pass mal gut auf! Solltest du auch nur einem Mädchen in Karssor zu nahekommen, wirst du dir wünschen, du wärst nie geboren! Dann verunstalte ich dir das Gesicht dermaßen, dass sogar Kabu, der beste Automechaniker in ganz Karssor, es dir nicht mehr richten könnte!"

Scherko wusste, dass mit Schams ad-din nicht zu spaßen war. So ließ er die Mädchen in Karssor in Ruhe und versuchte es bei den Mädchen in Karbawi und Naif.

Nachmittags musste ich ihn begleiten, nachdem er sich den Schnurrbart rasiert hatte, damit er schneller wuchs und er schneller heiraten, Kinder kriegen und seine Frau schlagen konnte.

Auf dem Weg nach Naif brachte mir Scherko die Grundlagen der Verführungskünste bei: „Wenn ein Mädchen dich anschaut, schau sie ganz verächtlich an. Dann wird sie dir nachlaufen! Das kannst du mir glauben! Wenn sie sehr schön ist, dich aber keines Blickes würdigt, dann hat sie natürlich recht, denn alle Jungs aus Karssor, Naif, Aly Farru und Tubs kriechen ihr auf dem Bauch hinterher! In diesem Fall musst du an ein Haar von ihr kommen. Das bringst du dann zu der alten Frau in Dschulbustan. Sie wird dafür sorgen, dass das Mädchen alle anderen Jungs verschmäht und dir Tag und Nacht hinterherrennt."

Bevor wir in Naif ankamen, zog Scherko einen kleinen Apfel aus der Tasche und meinte: „Kennst du Dilbar, die älteste Tochter von Hadschi Dschadschan? Sie ist so wie dieser Apfel. Wenn sie mich anschaut, nehme ich den Apfel und spiele mit ihm. Sie versteht dann schon, dass sie gemeint ist, und wird sich Hals über Kopf in mich verlieben. Auf den Festen und Hochzeiten wird sie meine Hand gar nicht mehr loslassen und die ganze Zeit nur mit mir tanzen."

Tatsächlich stand Dilbar allein vor der Tür, als wir an ihrem Haus vorbeigingen. Scherko zündete sich eine Zigarette an, nahm den Apfel in die Hand, warf ihn in die Luft und fing ihn wieder auf. Da nahm Dilbar eine große vertrocknete Zwiebel und fing an, mit ihr zu spielen. Als ich Scherko nach einer Erklärung für dieses rätselhafte Verhalten fragte, sagte er: „Sie hält sich für die schönste Frau …

… und sagt mir, dass ich nur eine olle Zwiebel bin."

Ich bemerkte, dass sich sein Ton verändert hatte, doch er schluckte seine Niederlage schnell herunter: „In Karbawi gibt es tausend Mädchen, die nur auf mich warten …"

Und so verließen wir Naif in Richtung Karbawi, jeder von uns mit einer Zigarette zwischen den Lippen.

16

Die Tritte, die ich von Scherko einstecken musste, waren zahlreicher als seine Treffer ins gegnerische Tor. Ich spielte ihm vor dem Tor der Mannschaft aus Naif den Ball zu, doch er schoss ihn weit ab vom Tor in die Luft. Er rannte hinter mir her und trat mich, bevor ich in die nahegelegenen Weizenfelder flüchten konnte.

So ging das die ganze Zeit, bis ich ihn davon überzeugte, er sei der beste Schiedsrichter der Welt. Damit könnte er den Respekt aller gewinnen und würde ja vielleicht eines Tages ein weltberühmter Schiedsrichter werden, den wir bei den Weltmeisterschaften und im Endspiel von Brasilien und Argentinien sehen würden.

Bei seinem ersten Spiel als Schiedsrichter spielte unsere Mannschaft gegen die von Dschamirli.

Muhammad Bidschu, der Kapitän der Mannschaft aus Dschamirli, war mit seiner Mannschaft und seinem kleinen Datsun gekommen. Nachdem sie wie immer eine kurze Rundfahrt durchs Dorf gemacht hatten, stiegen sie an unserem Fußballplatz aus.

Unsere Mannschaft war dieses Mal besonders einsatzbereit, denn wir hatten uns Ibrahim Sayyed aus der Dschihad-Mannschaft als Verstärkung geholt.

Scherko pfiff das Spiel an, indem er die Finger in den Mund legte.

Das Spiel begann mit einem Schuss von Muhssinu an Muhammad Bidschu, der sich nach hinten zurückzog, um den Ball ins Tor zu schießen, doch Schams ad-Din Asiru rannte auf ihn zu, sprang in die Luft und warf ihn mit einer schnellen Bewegung zu Boden.

Scherko pfiff ab und verkündete einen Elfmeter zugunsten der Mannschaft von Dschamirli.

Da wurde das ganze Dorf wütend. Spieler, Kinder, alte Männer und Frauen rannten dem Verräter Scherko hinterher. Wie konnte er den Gegnern einen Strafstoß gewähren? Von da an gab Scherko den Fußball auf und ich wurde Mannschaftskapitän von Karssor.

17

Scherko liebte Geschichten, und sein Verlangen danach wurde durch unseren Nachbar Mahmudi Kuli gestillt. Wenn Scherko mit seiner Herde aus den nahen Hügeln heimkehrte, sah er Mahmud Kuli an die Wand seines Hauses gelehnt dahocken und rauchen.

Scherko sagte zu ihm: „Wenn ich gleich wiederkomme, kannst du mir eine neue Geschichte erzählen." Mahmud erwiderte: „Das mach ich, aber nur, wenn du ein bisschen von dem guten Tabak deines Vaters mitbringst."

Flugs kam Scherko mit dem geklauten Tabak zurück. Mahmud Kuli machte einen tiefen Zug an seiner Zigarette und begann mit der Geschichte:

Es war einmal ein Hirte, der lebte mit seiner Frau in einem kleinen Lehmhaus am Dorfrand. Trotz ihrer langen Ehe und vieler Versuche wurden ihnen keine Kinder beschert. Da verlor der Mann das Interesse an seiner Frau, und sie begann, sich einsam zu fühlen und wurde sehr traurig. Sie sehnte sich nach Liebe, ganz gleich von wem. Als die Frau eines Tages zärtlich mit ihrer Hand über einen kleinen Kürbis strich, ertönte plötzlich eine Stimme aus der Frucht: „Danke, Mutter!"

Sie bekam es mit der Angst zu tun und dachte, sie hätte Halluzinationen. Trotzdem streichelte sie den Kürbis erneut. Sie wagte es aber nicht, jemandem zu erzählen, dass sie sich mit einem Kürbis unterhielt.

Als der Hirte eines Tages nach einem langen Tag voller Mühsal, an dem er den Ziegen, Schafen und Hammeln hinterhergelaufen war, neben seiner Frau auf das Lager sank, um sich ein wenig auszuruhen, hörte er im Halbschlaf eine Stimme: „Vater!"

Während der erschrockene Hirte noch danach suchte, woher die Stimme kam, sprach der Kürbis weiter: „Vater, warum fürchtest du dich? Ich bin doch euer Sohn. Bitte geh morgen in das Schloss des Emirs und bitte für mich um die Hand seiner Tochter."

„Wie soll ich das anstellen, wo du doch ein Kürbis bist und kein Mann?"

„Durch die Liebe zu dir und zu meiner Mutter werde ich zum Mann. Doch du musst für mich um die Prinzessin werben, weil ich sie liebe."

Die Tochter des Herrschers war von erlesener Schönheit und Trefflichkeit und besaß viele Schlösser und Ländereien und eine Menge Gold. Um zu verhindern, dass alle Männer sie heiraten wollten, hatte der Herrscher für eine Heirat unerfüllbare Bedingungen aufgestellt.

Im Sitzungssaal des Emirs standen zwei Stühle, einer aus Gold und der andere aus Silber. Die Männer, die um die Hand der Prinzessin anhalten wollten, mussten sich auf den goldenen Stuhl setzen, und diejenigen, die den Emir um Hilfe ersuchten, nahmen auf dem silbernen Stuhl Platz.

Der Hirte wusste sich keinen Rat angesichts der Bitte seines Sohnes, des Kürbisses. Er war nur ein armer, elender Hirte, der nichts besaß außer dem Stock, mit dem er die Ziegen und Schafe antrieb. Er kannte auch die unmöglichen Bedingungen, die der Emir jedem, der um seine Tochter warb, stellte. Wer die Bedingungen nicht erfüllen konnte, dem schlug der Henker den Kopf ab.

In dieser Nacht tat der Hirte kein Auge zu. In seiner Einbildung sah er bereits, wie der Henker sein Schwert schliff, während die Männer des Emirs ihn an einen Baumstumpf im Schlosshof festbanden.

Doch seine Frau redete ihm gut zu, bis er beschloss, sein Leben für das Glück seines Kürbissohnes und seiner Frau aufs Spiel zu setzen.

Am nächsten Morgen stand er bedrückt auf, ließ die Herde im Stall und machte sich mit schleppendem Gang auf den Weg ins Schloss. Er wusste nicht, was er tun sollte. Im Schloss angekommen, setzte er sich sogleich auf den goldenen Stuhl. Der Emir trat auf ihn zu und sprach: „Du armer Hirte hast dich doch sicher im Stuhl geirrt, denn wenn du willst, dass wir dein Anliegen behandeln, musst du dich auf den silbernen setzen. Dann werden wir alles zu deiner Zufriedenheit regeln, denn du bist arm, und ich helfe gerne den Armen."

Der Hirte erwiderte: „Mit Verlaub, mein Herr, ich möchte kein Geld und auch sonst nichts für mich. Ich bin gekommen, für meinen Sohn um die Hand der Prinzessin anzuhalten."

Der Emir sprach: „Wenn es sich so verhält, dann beschaffe mir bis morgen früh vierzig Ritter mit rotem

Gewand und roten Lanzen! Kannst du nicht erfüllen, was ich von dir verlange, wird dir der Henker den Kopf abschlagen."

Traurig klagend kehrte der Hirte heim und dachte an sein Schicksal am nächsten Tag unter dem Schwert des Henkers.

Als seine Frau ihn so sah, erkundigte sie sich, was zwischen ihm und dem Emir vorgefallen sei. Er erzählte ihr, dass er ihm aufgetragen habe, ihm vierzig Ritter in rotem Gewand und mit roten Lanzen zu bringen.

Da brach auch die Ehefrau in Tränen aus. Doch der Kürbissohn bat sie, mit dem Weinen aufzuhören, und sprach: „Am Dorfrand gibt es einen großen Felsen, auf dessen Spitze sich ein Loch befindet. Steig auf den Felsen, steck den Kopf ins Loch und sprich: Ahmad Chan, dein Bruder Muhammad Chan entbietet dir seine Grüße und bittet dich, morgen früh mit vierzig Rittern in rotem Gewand und mit roter Lanze am Hofe zu erscheinen. Danach geh getrost heim."

Der Hirte tat wie befohlen und befolgte alle Anweisungen ganz genau, doch er vernahm keine Antwort. Niedergeschlagen kehrte er nach Hause zurück. Als der Kürbis ihn fragte, ob er alles wie befohlen ausgeführt habe, nickte der Hirte. Da sprach der Kürbissohn: „Gott sei Dank, dann wird ja morgen alles zur besten Zufriedenheit ablaufen."

In der Nacht versuchte der Hirte zu schlafen, doch stets sah er den Henker und sein Schwert vor sich und seine Frau, wie sie weinte und den Henker anflehte, ihm doch nicht den Kopf abzuschlagen.

Als der Emir am nächsten Morgen aufwachte und den Henker anweisen wollte, sein Schwert zu wetzen, um dem Hirten den Kopf abzuschlagen, war er überrascht, im Schlosshof vierzig Ritter in roten Gewändern und mit roten Lanzen in der Hand zu sehen.

Die Minister und Gefolgsleute forderten den Emir auf, sein Versprechen einzuhalten, da der arme Hirte doch alles, was von ihm verlangt worden war, erfüllt habe.

Da hielt der Emir sein Versprechen und gab dem Hirten die Prinzessin mit. Er ließ ein edles Ross für die beiden satteln, und der Hirte kehrte mit der Braut seines Sohnes nach Hause zurück.

Am Abend verließ der Hirte mit seiner Frau das Haus, wie es in den kurdischen Dörfern üblich ist, damit die Brautleute das Haus für sich haben. Der Kürbis kullerte auf die Prinzessin zu und kam kurz vor ihr zum Halt. Erschrocken schrie sie auf, doch da platzte der Kürbis auseinander und ihm entstieg ein Jüngling von erlesener Schönheit. Die Prinzessin verliebte sich Hals über Kopf in ihn und liebte ihn mit dem unschuldigen Herzen eines kleinen Mädchens, denn er war der Erste, dem sie solche Gefühle entgegenbrachte.

„Gefalle ich dir, schöne Prinzessin?", fragte der junge Mann.

Die Prinzessin antwortete: „Es gibt keinen Schöneren als dich, mein Ritter und lieber Gemahl. Ich liebe dich, als würde ich dich schon seit tausend Jahren kennen." Sie erfuhr von ihm, dass er Muhammad hieß, und sie verbrachten eine wundervolle Nacht, ohne zu ahnen, dass ein böser Dschinn der Prinzessin auflauerte. Er hatte sie begehrt, seit sie ins Dorf gekommen war, und suchte in ihrem Herzen nach einer Stelle so groß wie eine Kichererbse, um sich dort einzunisten. Doch ihr Herz war erfüllt von ihrem Liebsten.

Dann bat der Jüngling seine Braut, ihm Kaffee zuzubereiten, ihn aber nicht überkochen zu lassen. Denn wenn dies einträte, würden sie voneinander getrennt werden.

Die Prinzessin wusste noch nicht, dass der böse Dschinn ihr schon auflauerte.

Sie stellte Wasser auf den Herd und schüttete Kaffee und Kardamom hinein, als es kochte. Als sie sich jedoch umdrehte, um Zucker zu holen, stieß der böse Dschinn den Kaffeekessel um. Im selben Augenblick verschwand ihr Geliebter, so wie er es ihr vorausgesagt hatte.

Als der Hirte und seine Frau tags darauf heimkehrten, erzählte ihnen die Königstochter, was geschehen war.

Dann verlangte sie, dass ihr festes Schuhwerk bereitet werde, damit sie ihren geliebten Muhammad in allen Winkeln der Welt suchen könne. Sie erhielt, was sie wollte: Der beste Schuster im Dorf stellte für sie ein Paar Schuhe aus dem besten Leder her. Und so streifte sie durch Städte und Dörfer, bis die Schuhe zerrissen, ohne eine Spur von ihrem Geliebten zu finden.

Da kehrte sie zu ihrem Vater zurück und bat ihn, ihr an der Gabelung der sieben Wege ein Schloss zu erbauen, so dass sie jeden, der vorbeikam, nach ihrem geliebten Muhammad fragen könne, vielleicht hatte ihn ja einer gesehen oder brächte ihr eine Nachricht von ihm.

Eines Tages nun kam ein kleiner Junge mit seinem blinden Vater am Schloss vorbei. Die Prinzessin lud sie zu sich ein, um ein bisschen auszuruhen, denn sie war großzügig und edel. Am nächsten Tag fragte sie den blinden Vater, ob ihm irgendwelche seltsamen Geschichten passiert seien.

Der Blinde erwiderte: „Wie Ihr seht, Prinzessin, bin ich blind und auf die Hilfe meines Sohnes angewiesen. Wenn es eine seltsame Geschichte gegeben hat, dann muss das Kind sie gesehen haben."

Die Prinzessin wandte sich dem kleinen Jungen zu, und nachdem er seinen Vater um Erlaubnis gefragt hatte, erzählte er, was er gesehen hatte, als sein Vater unterwegs ein wenig geschlafen hatte:

„Ich sah, wie ein großer Kochtopf vom Gipfel des Berges bis an den Fluss hinunterrollte und dann von ganz allein den Berg wieder hinaufstieg. Da hielt ich mich einmal an ihm fest und gelangte so an den Gipfel. Oben angekommen, erblickte ich in einer Felshöhle, deren Wände mit Gold und Rubinen besetzt waren, vierzig goldene Betten. Plötzlich ließ sich eine Schar Rebhühner in der Höhle nieder, die sich einige Augenblicke später in vierzig junge Männer von äußerster Schönheit verwandelten. Sie schienen alle glücklich bis auf einen, der traurig aussah und den sie Muhammad nannten."

Da weinte die Prinzessin und verlangte von dem kleinen Jungen, sie da hinzubringen, wo der Kochtopf, die Höhle und der Fluss waren.

Die Prinzessin hielt sich ebenfalls an dem kupfernen Topf fest und vermochte es so, die Höhle zu betreten.

Sie sah, wie die Rebhühner zurückkehrten und sich in Jünglinge verwandelten, darunter auch ihr Geliebter, Muhammad. Auch er bemerkte sie. Am nächsten Tag sagte er dem Anführer der Vogelschar, er sei krank und wolle im Bett bleiben. Und so geschah es auch.

Sie verbrachten den ganzen Tag miteinander und Muhammad sprach zu ihr: „Wisse, meine Geliebte, dass mein Stamm nicht mit unserer Heirat einverstanden ist. Von daher bleibt uns nichts anderes übrig, als zu fliehen. Küss mich und wünsch dir dabei, ein Vogel zu werden!"

Da küsste ihn die Prinzessin und beide verwandelten sich in Rebhühner und flogen auf und davon. Als die Vogelschar in die Höhle zurückkehrte, wurde der Anführer zornig und schickte einige seiner Männer aus, um nach den beiden zu suchen. Doch sie waren spurlos verschwunden.

Und so lebten sie glücklich bis an das Ende ihrer Tage.

Der dritte Tag

Karssor und seine Umgebung

1

Ich erstieg den höchsten Punkt / in Amsterdam / doch
ich sah nichts / Von der Schwelle unseres Lehmhauses /
in Karssor / sah ich auf Zehenspitzen stehend / die Welt

2

Die Baath-Partei änderte den Namen von Karssor in
Tel Ahmar, roter Hügel. Die Partei wird untergehen
und ich werde nach Karssor zurückkehren / denn Namen
sind wie Menschen, sie warten, leiden und bleiben.

Die Eselssteuer

Unsere alte Nachbarin erzählte mir eine Geschichte
von ihrem Vater:

Der osmanische Sultan hatte in allen Landesteilen,
über die er herrschte, eine neue Steuer auf Esel erhoben,
und entsandte nun Steuereintreiber in jedes Dorf und
jede Stadt. Eines Tages erreichte einer der Steuereintreiber ein kurdisches Dorf am Rand der historischen
Stadt Mardin und begann, in Häusern und Ställen und
auf den Feldern nach Eseln zu suchen.

Als er das Haus eines kurdischen Mannes betrat,
verwunderte es ihn, dort keinen Esel vorzufinden. Dabei
hatte ihm doch ein Informant versichert, der Hausherr
besitze einen. Der aber hatte sich einer List bedient und
den Esel mit Hilfe der Nachbarn im Bett festgebunden.

Sein Maul hatte er mit Zaumzeug zugebunden, um zu verhindern, dass er schrie. So lag der Esel nun im Bett.

Als der Steuereintreiber mit der Hausdurchsuchung begann, bemerkte er eine enorme Person im Bett. Er setzte sich neben sie und fragte den Hausherrn, wer denn da am helllichten Tage schlafe.

Der Hausherr antwortete: „Mein Vater, ein alter, kranker Mann. Nachts ist er wach und tagsüber schläft er dann."

Der Beamte wandte sich dem Bett zu: „Gute Besserung, Onkelchen, mit Gottes Hilfe wirst du bald wieder gesund."

Da schrie der Esel, hob den Kopf und spitzte die Ohren. Der Steuereintreiber wandte sich an den Hausherrn: „Was ist das denn! Warum machst du so etwas?"

Der Kurde erwiderte: „Bei Gott, ich bin arm, wie Sie sehen, und kann keinen einzigen Heller für Steuern ausgeben. Meine Frau und ich besitzen nur diesen Esel hier."

Da lächelte der Beamte: „Da der Esel dir Vater und mir Onkel ist, gehört er wohl zur Familie ... Deshalb erlasse ich dir die Steuer und werde nichts von dir verlangen."

Wenn ihr ein Meer hättet, Genossen!

Einmal kam ein wichtiger kommunistischer Funktionär nach Karssor. Er war von der Parteiführung geschickt worden, und zwar genauer gesagt vom Genossen Chalid Bakdasch, dem heldenhaften Anführer persönlich. Der war übrigens Kurde, wie alle Kommunisten unermüdlich wiederholten. Der Funktionär war gekommen, um uns darüber zu belehren, dass Karssor ein sehr bedeutender strategischer Standort sei, doch niemand verstand, was das hieß. Der Genosse redete den ganzen Tag von Kolchosen, Sowchosen und dem historischen und dialektischen Materialismus, von den herausragenden Errungenschaften im Lande Lenins, von Interkontinentalraketen, die den Imperialismus auf der ganzen Welt in Angst und Schrecken versetzten, und von riesigen Schiffen, die den Armen und den Bauern dieser Welt Medikamente, Nahrungsmittel und Bücher brachten.

An dieser Stelle meldete sich ein kurdischer Bauer zu Wort: „Genosse, warum schickt man uns keine Medikamente und Nahrungsmittel? Wir sind auch arm!"

Der kommunistische Funktionär zündete sich eine Zigarette an und nahm einen tiefen Zug, bevor er antwortete: „Bei euch gibt es kein Meer. Aber wenn ihr eins hättet, könntet ihr mit eigenen Augen sehen, wie die sowjetischen Schiffe vor lauter Gedränge zusammenstoßen … und anstelle von Wasser würdet ihr Wodka trinken!"

Jamil al-Assad

Eines Tages kam Jamil al-Assad, ein Bruder von Hafiz al-Assad, aus Amude nach Karssor. Bis heute kennt keiner den Grund für diesen historischen Besuch. Später erfuhren wir, dass er einer der größten Diebe im Land war und sich mit seinen Söhnen und seiner Clique Millionen unter den Nagel gerissen hatte.

Einer der Bauern fragte ihn: „Ist der Präsident wirklich Ihr Bruder?"

Lachend erwiderte er: „Ja, natürlich!"

Da fragte ihn ein anderer: „Ist er so wie wir, er isst und schläft und ...?" Der Bauer wagte nicht, seinen Gedanken, ob der Präsident auch so wie er kackte, laut auszusprechen.

„Ja, er isst wie wir, aber er schläft nicht! Tag und Nacht denkt er an die Befreiung Palästinas und der Golanhöhen. Er liebt die Kurden so sehr, dass er mir höchstpersönlich versichert hat: ‚Wenn ich Palästina und den Golan befreit habe, befreie ich Kurdistan!'"

Die Räder der Partei

Bei einer Veranstaltung der syrischen KP in Karssor hielt der Stellvertreter des Stellvertreters des Bezirks-komitees von Karssor und Umgebung eine Ansprache an das Volk, das aus vier Genossen bestand: dem Vor-sitzenden der Bauernvereinigung, seinem Bruder, seinem Schwager und seinem Stellvertreter:

„Genossen!

Die Stärke der Partei liegt in diesen großartigen Massen, die den Imperialismus und den Kolonialismus überwinden und den wissenschaftlichen Sozialismus im großartigen Karssor errichten werden, der Hochburg des Widerstands und der Standhaftigkeit (diesen Satz hatte er von den Baathisten geklaut)!

Genossen! Der Generalsekretär der Partei, Chalid Bakdasch, der dem Genossen Stalin die Hand geschüttelt hat, schüttelt jedem einzelnen von euch die Hand!"

76

Nach dem Mittagessen schaute er in Richtung des Vorsitzenden der Vereinigung: „Ich erkläre euch jetzt ganz genau die Vision der Partei von allem, was in Karssor passiert. Von hier aus, von eurem Dorf aus, wird der Kampf um den Sturz des Imperialismus, des Zionismus und der Marionettenregime seinen Anfang nehmen!

Genossen, es lebe der Genosse Chalid Bakdasch, der Freund Lenins, Stalins und Breschnews!

Es lebe die Genossin Wissal, seine Ehefrau, die Tag und Nacht über das Wohlergehen der Partei und ihres Führers, des Genossen Chalid Bakdasch, wacht!

Es lebe der Genosse Ammar Bakdasch, ihr Sohn, der die Flagge nach seinem Vater und seiner Mutter weitertragen wird, damit sie im Angesicht der Feinde der Freiheit und des Friedens stets gehisst bleibt!

Genossen! Die Partei ist ein Auto und ihr seid seine Räder!"

Da klatschten die vier Räder begeistert Beifall.

Auf, lasst uns Kurdistan befreien!

Einmal nahm ich an einem Treffen einer kleinen kurdischen Partei teil, auf dem der Generalsekretär, der so gerne Hammelfleisch mit knusprigem gerösteten Brotfladen aß, über die globalen Entwicklungen nach dem Zusammenbruch der Sowjetunion, der Unterstützerin der armen Völker, sprach. Er redete auch über die Auswirkungen auf die Befreiungsbewegungen weltweit, darunter die Bewegung zur Befreiung Kurdistans.

Am Ende des Treffens fragte einer der Partei-
anhänger: „Genosse, wie können wir Ihrer Meinung
nach Kurdistan befreien, und wo fangen wir damit an?"

Der Generalsekretär erwiderte, nachdem er sich eine
Kent angezündet hatte: „Tja, wir können hier anfangen,
hier in Karssor ... sofort nach dem Abendessen."

Der Weg

Auf unserem Heimweg von Qamischli nach Karssor
kamen wir zuerst an der Saki-al-Arssusi-Schule vorbei,
die den Namen eines Mitbegründers der Baath-Partei
trug, danach an der Zweigstelle der Partei, der Arabistan-Schule, einem alten Standbild von Hafiz al-Assad
und schließlich am Park und dem Gharbiya-Viertel,
einem der größten Stadtteile von Qamischli.

Ich lehnte mich an meinen Vater, der mit seinem
Freund Salim über Weizen und leere Strohsäcke sprach
und gierig an seiner Zigarette zog, derweil ich den
Himmel betrachtete. Die Sonne da oben gehörte uns.

Auch der Duft des Weizens und das Dröhnen der
John-Deere-Mähdrescher am Rande von Dscharkin
gehörten uns.

Kinder spielten vor verstreuten Lehmhäusern, die
eilig errichtet worden waren, so wie unsere Träume.

Sozialismus

Der Vorsitzende der Bauernvereinigung bei uns im Dorf
war ein langjähriges Mitglied der syrischen KP. Nachdem sich die Partei in einen moskautreuen und einen

nicht moskautreuen Flügel aufgespalten hatte, schloss er sich dem moskautreuen Flügel unter der Führung von Chalid Bakdasch an. Fortan widmete er sich unermüdlich dem Diebstahl der Erzeugnisse der Bauern, weil er den Sozialismus so verstand, dass ihm ein Teil davon zustand.

Qamischli

Wir stiegen in den Zug ein. Es war das erste Mal, dass ich einen Zug von innen sah. Vorher hatten wir immer nur den türkischen Zug über die Grenze hinweg gesehen, der langsam in Richtung der weit entfernten Dörfer in der Mardin-Ebene kroch. Wir waren vom Bahnhof in Mulla Sibat abgefahren. Ich schmiegte mich ans Fenster und betrachtete die Maulbeerbäume, die den Straßen von Damchiya Schatten spendeten, und die Scharen weißer Tauben über der kleinen Dorfkirche. Von weitem tauchte der Flughafen von Qamischli auf, und ein Segelflugzeug schwebte über den Weizenfeldern, die Qamischli umgaben.

Am Antariya-Bahnhof stiegen Onkel Dschamilo, meine Eltern und ich mit unserem kleinen Koffer aus. Ich kannte den Grund unserer Fahrt nach Qamischli nicht und wollte ihn auch gar nicht wissen. Am Bahnhofsausgang durchsuchte ein Polizist die Leute, die aus Homs, Aleppo und Damaskus kamen, und beschlagnahmte Kaffee und Marlboro-Zigaretten, ohne zu zögern.

Mein Onkel sagte: „Lasst uns auf den Bus warten.“ Wir setzten uns auf den Bordstein und wie immer zündete sich mein Vater eine Zigarette an. Die Lichter der Stadt an diesem lauen Herbstabend leuchteten schön, und unser Weg bis zum armen Halaliya-Viertel am Stadtrand war lang. Ich schlief auf dem Schoß meiner Mutter ein, und als ich aufwachte, hatte mich meine Großmutter Kudschari mit einer bunten Decke zugedeckt. Sie breitete ihren Gebetsteppich aus, um zu beten, und von ferne erklang melancholisch die Stimme des Muezzins: Gott ist groß!

Karssor

Mein Großvater Naifku widmete sich leidenschaftlich dem Glücksspiel und dem Rotlichtviertel; er verschleuderte sein ganzes Vermögen in Vergnügungslokalen und für Tänzerinnen aus Aleppo oder gar aus Beirut oder Istanbul. Aber bis zu seinem letzten Atemzug liebte er seine Ehefrau Subhija. Das war echt seltsam. Wenn er vom Besuch einer seiner Geliebten zurückkam, küsste er seine Frau auf dem Dorfplatz von Karssor, direkt neben der Moschee und vor allen Leuten und sagte ganz laut zu ihr: „Ich habe dich vermisst, meine schönste Subhija!" Manchmal nahm er sie auf die Arme und trug sie unter dem Gelächter der Leute ins Haus.

Vor einem Jahr starb mein Großvater. Meine Großmutter Subhija starb einige Monate später. Und vor wenigen Tagen starb auch mein Onkel Dschamilo, der Bruder meines Großvaters. Er pflegte wie ein richtiger König durch die Straßen von Karssor zu schreiten, hinter ihm seine Frau Halima. Er hatte sie aus Mardin mitgebracht und sich einen Monat später noch eine zweite

Ehefrau genommen. Auf seinem Sterbebett verlangte Onkel Dschamilo, direkt neben seinem Bruder Naifku begraben zu werden, damit er in der Grabeskälte nicht so allein sei.

Amude

Als ich das erste Mal nach Amude fuhr, saß ich hinter meinem Vater auf seinem kleinen blaulackierten Motorrad.

Mein Vater hatte es seinem Freund Hadschi Chider abgekauft, der sich ein neues Yamaha-Motorrad zugelegt hatte, das er liebevoll Düsenflugzeug F-16 nannte, weil es so schnell war. Er hegte und pflegte es so achtsam, dass seine Frau Chansa eifersüchtig auf das Motorrad wurde, das er stundenlang leidenschaftlich betrachtete und putzte, so vernarrt war er darin. Selbstbewusst lächelte er sich im kleinen Spiegel am Lenkrad an und blickte sich dann schnell um, damit ihn keiner für verrückt hielt.

Unterwegs sah ich Freunde und Nachbarn, bevor wir nach links auf die asphaltierte Straße in Richtung Amude abbogen und Karssor hinter uns ließen. Als mein Vater aufs Gas trat, raste das Motorrad wie eine Rakete los, und ich klammerte mich fester an ihn.

Beim ersten Kreisel in Amude verringerte mein Vater die Geschwindigkeit und sagte zu mir: „Der Name Muhammad Bin Sa'id al-Daquri wird nie aus dem Gedächtnis dieser Stadt gelöscht werden!" Und er erzählte mir die bewegende Geschichte dieses mutigen Mannes:

Das einzige Kino in Amude hieß „Scheherazade", es zeigte am 13. November 1960 einen ägyptischen Film. Die syrische Regierung hatte angeordnet, dass alle Schüler das Kino besuchen und mit dem Eintrittsgeld die algerische Revolution unterstützen sollten. Das schäbige Gebäude hatte nur 200 Plätze.

Der Film wurde mehrmals gezeigt und jedes Mal war das Kino überfüllt. Als das Feuer ausbrach, befanden sich mehr als 400 Kinder im Gebäude.

Die Flammen griffen schnell auf den hölzernen Dachstuhl des Gebäudes über, der mit Stroh bedeckt war. In kurzer Zeit brannte das gesamte Kino.

Panik brach aus. 282 Kinder starben.

Muhammad Bin Sa'id al-Daquri stürzte sich mit unvergleichlichem Heldenmut in das brennende Kinogebäude und rettete zwölf Kindern das Leben, bevor er selbst in den Flammen umkam. Er hatte in einem Kaffeehaus in der Nähe gesessen, als ihn die Nachricht von dem Brand erreichte. Er rannte zum Kino und begegnete vor dem brennenden Gebäude noch seinem Sohn, der ihm zurief, dass er sich aus dem Feuer habe retten können. Sein Vater erwiderte: ‚Alle Kinder sind wie meine eigenen', und stürzte sich in das Gebäude."

Der Sänger

Über Nacht wurde der Sänger Firas zum König der arabischen Popmusik und Herzensbrecher für die jungen Verliebten in allen kurdischen Dörfern und Städten.

Jede Woche kam eine neue Kassette mit sentimentalen Titeln heraus, die so ähnlich klangen wie die Abschiedslieder in den indischen Filmen, darunter „Nusha", „Ich war einsam", „Ich sah dich vom Fenster aus", „Sag mir nicht Adieu" und „Wie könnte ich jemanden anderen lieben als dich?"

Der einzige Künstler, der seinen Thron behielt, war Sa'id Jusuf, der unbestrittene „König der Buzuq", der bei den Kurden verbreiteten Langhalslaute. Die anderen verschwanden und keiner erinnert sich mehr an sie.

Salahu ging nach Deutschland, Dschawan Hadschu nach Norwegen, Marwan Sabri wurde zum Künstler der Abudschiyun, die zur Arbeiterpartei Kurdistans, der PKK, gehören. Sein berühmtes Lied „Karawanu" war in den 1990er Jahren, als der Stern Öcalans und der Arbeiterpartei aufging, unter den syrischen Kurden sehr beliebt. Das Dorf Karbawi, aus dem er stammte, wurde zum Wallfahrtsort für Liebende.

Wenn man in den Läden, die Kassetten und Tonbänder verkaufen, nach der neuen Kassette von Firas fragte, bekam man die Antwort: „Welche Kassette, die alte oder die neue?"

Die „alte" bedeutete die Kassette von letzter Woche und die „neue" war die, die erst vor wenigen Stunden auf den Markt gekommen war.

Meine Mutter

Ich habe meine Mutter vor Augen, wie sie an einem Freitagmittag im August 1991 auf meine Geschwister wartet. Sie hat ihre rechte Hand an die Stirn gelegt, um besser sehen zu können. Das gleiche Haus. Die gleiche staubige Straße. Die Leute, die in Husseinus Pick-Up aus Qamischli zurückkehren. Schafherden zwischen Karssor und Naif. Eine Bachstelze, die nur im Sommer auftaucht. Kurz vor der Falle breitet sie ihre Flügel aus und fliegt auf und davon. Der Maulbeerbaum. Der Lebensmittelladen „Dschamal". Sardinendosen, die seit Jahren dort stehen. Die Geschichten von Schams ad-Din, seine Muskeln und der auf seinem rechten Unterarm eintätowierte Name seiner Geliebten. Die Mädchen aus dem Dorf Naif. Die neue Kassette von Firas. Mein Koffer mit dem Bild eines Flugzeugs. Goodbye. Und ich, der ich nicht mehr in Karssor bin.

Der wiederauferstandene Tote

Scharru war mutig, ein Held aus Qamischli, dessen Ruf überallhin gedrungen war. Bevor er nach Qamischli kam, hatte er in einem kurdischen Dorf gelebt, das drei Stunden Fußweg entfernt in Richtung Diyarbakir lag.

Während des französischen Mandats in Syrien schlug Scharru einmal einen französischen Offizier auf dem Marktplatz der Stadt, nachdem dieser einen Armenier angegriffen hatte. Er floh in die kurdischen Berge und versteckte sich dort bei den Revolutionären, die gegen die französische Besatzung rebellierten und vor einem Todesurteil oder dem Gefängnis geflohen waren.

In einer eiskalten Winternacht hielt Scharru die bittere Kälte nicht mehr aus und sagte seinen Genossen, er wolle von den Bergen in ein kurdisches Dorf hinuntergehen, das in der Nähe ihrer Höhle lag, und zurückkommen, wenn die Kältewelle nachließ.

Als Scharru im Dorf ankam, wollte er keinen der Einwohner stören, die bereits am frühen Abend schlafen gingen, nachdem sie den ganzen Tag auf den Feldern gearbeitet und das Vieh gehütet hatten. So ging er stracks zur Moschee des Dorfes. In der Moschee war ein Toter aufgebahrt und mit weißen Leintüchern bedeckt. Scharru streckte sich neben dem Toten aus, deckte sich ebenfalls mit den Leintüchern zu und wünschte ihm eine gute Nacht.

Am nächsten Morgen kam der Mulla in die Moschee, um zum Morgengebet zu rufen. Da wachte Scharru auf. Als der Mulla sah, wie der Tote sich erhob, warf er seine lange Gebetskette, die er in der Hand gehalten hatte, weit weg, lief barfuß auf die Straße und schrie:

„Der Tote ist auferstanden! Der Tote ist auferstanden! Der Tag der Auferstehung ist da! Geht nicht in die Moschee!"

Wie mein Onkel mir berichtete, verließ der Mulla nach seiner Genesung von dem Schock sein Amt als Scheich und wurde Busfahrer in der Stadt. Manche erzählen auch, er sei verrückt geworden.

Geschichten

Husseinus Auto näherte sich. Meine Mutter eilte mit einem Plastikeimer in der Hand heran. Der Duft von kurdischem Käse erfüllte die Luft.

„Du bist schon wieder zu spät", sagte meine Mutter zu Husseinu, der sich eine Zigarette nach der anderen anzündete. Er wurde nicht müde, immer dieselben Ausreden für seine Verspätung vorzubringen: „Die Autobatterie war leer." Oder: „Ich habe gewartet, dass Hasniki mir hilft." Wenn er merkte, dass er mit seinen Ausflüchten niemanden überzeugen konnte, nahm er zur letzten Waffe Zuflucht: „Nächstes Jahr kaufe ich mir ein neues Auto."

Er wandte sich meiner Mutter zu: „Was brauchst du aus dem Laden von Hadsch Chider?"

„Seife und eine Dose Butterschmalz der Marke Milchkuh." Dann brauste der Wagen über Kfar Sibi in Richtung Qamischli ab.

Husseinu war das einzige Verbindungsglied des Dorfes mit der Außenwelt, die für uns aus Qamischli bestand. Karssor gehörte zum Verwaltungsbezirk von Amude, das wir hin und wieder besuchten, wenn es um Einberufungen zum Wehrdienst ging, um Eintragungen im Personenstandsregister oder um ein Gesuch beim Bezirkskommandanten.

Husseinu brachte uns Zucker, Tee, Zigaretten, Lorbeerseife, Schulhefte und die Post mit. Er kannte jede kleine Einzelheit unseres Alltags: Wer zur Armee gehen wird, wer über die Feiertage zu Besuch kommt, wer bald heiratet und wer wen liebt.

Oft saßen wir an der Schulmauer und Schams ad-Din erzählte uns von seinen Abenteuern beim Militär und von dem Major, dem er eine Ohrfeige verpasst hatte, als der ihn einmal beleidigte. Aus diesem Grund musste er ein ganzes Jahr im gefürchteten Tadmor-Gefängnis in der Wüste verbringen.

Er erzählte uns von der Sängerin Samira Tawfiq, die ihn einmal in Damaskus „Mein Süßer" genannt hatte ... Geschichten und Träume eines jungen Mannes, der darunter litt, dass wir von allem so abgeschnitten waren.

Wenn wir jedoch den Motor von Husseinus Auto hörten, sprangen wir auf und ließen Schams ad-Din mit seinen zahllosen Geschichten allein zurück.

Caterpillar

Ein kleines Lehmhaus. Ein einziges Zimmer, auf die Schnelle in einer Nacht illegal errichtet. Meine Mutter trug die Ausstattung bei: Teegläser, Teller, ein altes Bettgestell und ein großes Porträt von Hafiz al-Assad. Mein Vater hatte es im Sahra-Buchladen neben dem Kassettenladen von Jusuf Falak gekauft, damit uns die örtliche Polizei nicht gleich das Haus über unseren Köpfen und dem Kopf des Vaters der Nation abriss.

Mein täglicher Schulweg zur Arabistan-Schule führte mich an der Caterpillar-Firma vorbei. An der Wand dieses Gebäudes, die auf die Straße nach Hasaka zeigte, stand „Caterpillar in der Dschasira". Das war eine Firma mit Hauptsitz in Beirut, die Baugeräte und landwirtschaftliche Ausrüstungen produzierte.

Das war lange bevor die miserablen einheimischen

Euphrat-Traktoren über die fruchtbaren Felder im Nordosten Syriens, der Dschasira-Region, herfielen und die armen Kurden infolge einer schrecklichen Dürre, aber auch wegen des politischen und wirtschaftlichen Programms des Regimes ihren Grund und Boden verließen und zu Arbeitern in den großen Hühnerfarmen wurden, die den hohen Armeeoffizieren an der syrischen Küste gehörten, oder zu Obdachlosen in den Straßen von Damaskus oder Beirut.

Agatha Christie

Agatha Christie machte auf ihrem Weg von Tell Rumman nach Qamischli Halt in Karssor, wo ihr Ehemann, der Archäologe Max Mallowan, sie zu einem Mittagessen bei Girgis Hadaja erwartete.

Unterwegs hatte sie einen Abstecher nach Tell Faris gemacht und eine Kerze in der kleinen Dorfkirche von Damchija angezündet. Dadurch verspätete sie sich ein wenig, doch das Essen war noch heiß und köstlich, und es gab viel Wein aus Mardin.

Man erzählt sich, dass zwischen der großartigen Schriftstellerin und dem großen Archäologen eine gewisse Spannung aufkam, weil Girgis Hadaja einen braunen Anzug und eine Rolex-Uhr trug, genau wie der Held ihres Romans „Der Mann im braunen Anzug". Das führte dazu, dass Max Mallowan aus Gründen, die wir in einem ihrer anderen Romane erfahren werden, Qamischli verließ. Wie mir ein Freund erzählte, verschwand sie auch während einer Reise in Ägypten, wo sie ihren Roman „Tod auf dem Nil" schrieb, für mehrere

Tage, vermutlich mit ihrem jungen ägyptischen Liebhaber.

Ein anderer Freund erzählte mir, Agatha Christie
habe Syrien des Öfteren gemeinsam mit ihrem Mann,
dem Archäologen, besucht, der auf einer Ausgrabungs-
stätte im Nordosten Syriens arbeitete. In dieser Zeit
wohnte sie in dem berühmten Baron-Hotel in Aleppo,
wo sie im Zimmer 213 einige Kapitel ihres berühmten
Krimis „Mord im Orientexpress“ schrieb. Agatha
Christie blieb eine ganze Weile in diesem Hotel, während
ihr Ehemann im Norden und Osten von Syrien Alter-
tümer ausgrub. Einmal soll sie zu einem üppigen Mahl
bei einer Familie eingeladen gewesen sein, bei der es
ihr sehr gefiel. Als sie das Haus verließ, schenkte sie
der jugendlichen Tochter des Hauses einen Goldarmreif
und sprach zu ihr: „Mein schönes Kind, ich empfehle
dir, einen Archäologen zu heiraten, denn je älter du
wirst, desto mehr wird er dich lieben.“

Mein Vater

Die reichen Bauern, die mit ihren schönen und attrak-
tiven Ehefrauen in sauberen Kleidern und mit zarten
Händen in großen, prächtigen Villen in Qamischli
wohnten, liebten meinen armen Vater.

Ihre John-Deere-Mähdrescher, ihre Toyota-Laster
und Traktoren, Chevrolet- und Dodge-Pickups standen
vor unserem kleinen Lehmhaus, sobald im Sommer die
Erntesaison eingeläutet wurde.

Sommer, Weizen und viele Träume.

Sommer, Meer und Frauen in leichten Chiffonkleidern in Latakia und Tartus, Beirut und Istanbul. Und meine Phantasie, die nicht ermüdete. Wie sollte sie auch, hatten wir doch vom Sommer nichts als die sengende Sonne, Fliegen und den Staub, den die Autos auf ihrer schnellen Fahrt nach Qamischli aufwirbelten.

Dialektik

Ich lernte vom Marxismus, dass die Reichen die Armen bestehlen. Doch unser wohlhabender Nachbar liebte uns sehr und kaufte uns gelegentlich neue Sachen, und seine Frau gab meiner Mutter jeden Monat abgelegte Kleider und Schuhe.

Ich erklärte mir das so, dass der Dieb uns einen Teil dessen zurückgab, was er uns weggenommen hatte. Deshalb war ich mir auch sicher, dass der Mazda 626, den er unlängst gekauft hatte, eigentlich das Auto meines Vaters war und eines Tages wieder uns gehören würde.

Als ich einmal meinen Freund Mamduh besuchte, erzählte uns seine Mutter beim Teetrinken eine Geschichte, die sie als kleines Mädchen gehört hatte:

Vor langer Zeit lebte einmal ein Kaufmann, der sich zwei Frauen zum Weibe nahm, die ihm beide ein Mädchen gebaren. Die erste Ehefrau nannte ihre Tochter Fatima und gab ihr den Kosenamen Fatu. Die zweite Frau gab ihrer Tochter den Namen Aischa und rief sie Aischu. Beide Familien lebten unter demselben Dach.

Nach einiger Zeit starb Fatus Mutter und ließ das Mädchen allein zurück. Sie war ganz dem Wohlwollen der zweiten Frau ihres Vaters ausgeliefert, der wegen seiner Geschäfte oft auf Reisen war. Natürlich bevorzugte die Frau ihre eigene Tochter in jeder Hinsicht und beauftragte Fatu mit den mühevollen, schweren Hausarbeiten, während sie Aischu nur einfache Aufgaben oder manchmal auch gar keine gab.

Wenn Aischus Mutter die beiden Mädchen zum Viehhüten aufs Feld schickte, gab sie ihrer Tochter köstliche Speisen mit sowie ein kleines Wollröllchen zum Spinnen, damit sie sich die Zeit vertrieb, Fatu jedoch erhielt nur trockenes Brot, Zwiebeln und einige Oliven. Außerdem musste sie eine große Garnrolle mit Wolle gesponnen haben, bis sie heimkehrte, sonst würde sie bestraft werden!

Aischa wuchs heran, erblühte wie eine Rose und wurde immer schöner, da sie sich stets ausruhen konnte, während die arme Fatu vor lauter Erschöpfung von den anstrengenden Hausarbeiten an Schönheit und Glanz verlor. Auf dem Hof gab es eine rote Kuh, die Fatus Mutter gehört hatte und die Mitleid für Fatu empfand. Wenn das arme Mädchen wieder einmal das Vieh auf den weiten Ebenen hüten musste, trieb die Kuh die Schafe und Ziegen zusammen und bewachte sie wie ein erfahrener Hütehund, damit sich Fatu ein wenig ausruhen konnte. Wenn jedoch die Reihe an Aischu war, schlug die Kuh die Tiere, so dass sie wild durcheinander stoben und das verwöhnte Mädchen auch nicht einen einzigen Augenblick zur Ruhe kam. Die Kuh war eng befreundet mit dem Hahn. Sie mochte es, wenn er krähte, und die beiden sprachen oft über das Unrecht, das Fatu erdulden musste.

Im Dorf lebte auch eine alte Frau mit verlaustem Haar. Jedes Mal, wenn die Dorfmädchen an ihr vorbeigingen, bat sie sie, ihre Haare von den Läusen zu befreien, damit es sie nicht mehr juckte. Erbat sie dies von Aischu, weigerte sich diese und verscheuchte sie schimpfend. Fatu hingegen grüßte sie scheu und sagte: „Gerne, Großmütterchen." Dann legte die alte Frau den Kopf auf ihren Schoß und bat für Fatus Mutter um Gottes Gnade, während Fatu ihr das Haar kämmte und sie von allen Läusen säuberte.

Die Alte bemerkte, wie unterschiedlich sich die beiden Mädchen verhielten. Als sie nun eines Tages Aischu traf, sprach sie zu ihr: „Mädchen, wenn du heute bei dem Bach mit dem blauem und dem Bach mit dem weißem Wasser vorbeikommst, wasch dir Gesicht und Hände im blauen Wasser, doch rühre das weiße nicht an. Dann wirst du noch schöner und gewinnst noch mehr Selbstvertrauen."

Fatu gab sie denselben Rat.

Die beiden Bäche flossen am Dorfrand entlang und hießen der Blaue und der Weiße, weil das Wasser des ersten aus einem Felsen entsprang, dessen Farbe ins Blaue ging, während der Grund des zweiten Baches voller schneeweißer Marmorkieselsteine lag.

Als Fatu am Abend nach Hause zurückkehren wollte, erinnerte sie sich daran, was die Alte gesagt hatte, ließ das weiße Wasser links liegen und wusch sich mit dem blauen Wasser. Von dem Tag an wurde ihr Gesicht immer schöner und ihre von der Arbeit aufgerauten Hände wurden weich und zart wie bei einer Prinzessin. Aischu hingegen, die die Alte nicht ausstehen konnte, machte genau das Gegenteil, sprang über den blauen Bach und wusch sich mit dem weißen Wasser. Von jenem Moment an fingen ihr Gesicht und ihre Hände an zu welken. Als ihre Mutter das bemerkte, fürchtete Aischu, ihr die Wahrheit zu sagen, dass sie nämlich das Gegenteil dessen getan hatte, was die Alte ihr geraten hatte, und log sie an. Sie sagte ihr, die Kuh sei der Grund dafür, denn sie stifte Unruhe und ihretwegen könne sie sich nicht ausruhen.

Aischus Mutter schmiedete einen Plan, um sich an der Kuh zu rächen. Sie ging zu ihrem Mann und sprach: „Seit dem Tod von Fatus Mutter haben wir kein Tier zu ihren Ehren geschlachtet!" Der Mann erwiderte: „Du hast recht. Lass uns ein paar Hammel schlachten und das Fleisch an die Dorfbewohner verteilen." Doch Aischus Mutter forderte ihn auf, die rote Kuh zu schlachten, die der Seligen am liebsten gewesen war. Der Ehemann ließ sich überreden und beschloss, am nächsten Tag die Kuh zu schlachten.

Der Hahn jedoch, der in der Nähe war und so getan hatte, als picke er Körner, hörte das Gespräch und erzählte der Kuh davon.

Fatu erbebte vor Zorn, als der Vater ihr von seinem Plan erzählte und nicht auf ihr Flehen einging, die Kuh am Leben zu lassen. Sie weinte die ganze Nacht hindurch. Dann ging sie zu der roten Kuh, denn sie wollte mit ihr fliehen. Doch die böse Frau hatte die Kuh mit einer Eisenkette und einem großen Schloss festgebunden. Fatu weinte und begann, mit der Kuh zu reden, als diese plötzlich zu sprechen begann: „Mein Fleisch wird für sie bitter wie eine Koloquinte schmecken, doch für dich wird es gut sein. Iss von mir, was du willst, und vergiss nicht, meine Knochen im Wald zu vergraben. Warte einige Tage und schau dann in der Grube nach."

Die Kuh wurde geschlachtet, doch ihr Fleisch war ungenießbar. Als Aischus Mutter sah, mit welch großem Appetit Fatu aß, dachte sie: Dieses Mädchen weiß nicht, wie gutes Fleisch schmeckt. Nach dem Essen sammelte Fatu heimlich die Knochen zusammen und vergrub sie. Einige Tage später kehrte sie dorthin zurück und fand in der Grube eine kleine Kupferdose, in der ein goldener Ring mit einem roten Rubin lag.

Nach Hause zurückgekehrt, schloss sie die Tür ihrer kleinen Kammer und steckte sich den Ring an. Als sie sanft über den Rubin am Ring strich, traute sie ihren Augen nicht: Plötzlich trug sie ein schönes elegantes Kleid, ihr Gesicht war frisch und ihre Augen strahlten in seltsamer Freude, wie sie es noch nie zuvor gesehen hatte. Als sie den Ring ablegte, hatte sie wieder ihre verschlissenen Kleider an und ihr Gesicht war traurig.

Nach einigen Tagen verkündete Mahmud, der jüngste Sohn des Agha, des mächtigsten Mannes im Dorf, dass er heiraten wolle. Die Dorfmädchen begannen, sich für das Treffen mit ihm schön zu machen. Aischu erhielt von ihrer Mutter die schönsten und teuersten Gewänder, doch Fatu durfte an diesem Tag das Haus nicht verlassen und sollte Hausarbeiten verrichten und die Ställe ausmisten.

Schnell erledigte Fatu die Hausarbeiten. Dann streifte sie sich den Zauberring über den Finger, den die gute Kuh ihr geschenkt hatte. Selbstbewusst lächelte sie sich im Spiegel an und ging auf das Fest. Sie versuchte zwar,

Aischu und ihre Mutter zu meiden, doch Aischu sah sie und sagte ihrer Mutter, dass Fatu auch auf dem Fest war. Als die Frau zu Fatu blickte, erkannte sie sie nicht und meinte, das sei sie nicht. Fatu sei mager und besäße doch nicht diese anmutige Schönheit. Aischu widersprach, doch schwieg schließlich, weil ihre Mutter auf ihrer Meinung beharrte.

Fatu sah, dass Aischu verwirrt war und sie mit Blicken verfolgte. Da bekam sie Angst, dass die Stiefmutter sie bestrafen würde und lief eingeschüchtert weg. Alle Augenblicke drehte sie sich um, um sich zu vergewissern, dass die Stiefmutter sie nicht einholte. Sie zog den Ring vom Finger und steckte ihn in ihre Tasche, doch wie sie da so entlangrannte, stieß sie mit Mahmud zusammen, dem jüngsten Sohn des Agha, der auf dem Weg zum Fest war. Beide entschuldigten sich, und da musste sie lächeln. Dieses Lächeln drang in das Herz des jungen Mannes ein, doch als er sie nach ihrem Namen fragen wollte, erschrak sie und rannte nach Hause.

Mahmud aber hatte sich Hals über Kopf in Fatu verliebt und erzählte seiner Mutter, er müsse sie unbedingt finden, auch wenn dies bedeute, alle Häuser im Dorf abzusuchen. In der Tat setzte er seinen Plan um und suchte im ganzen Dorf nach ihr. Das letzte Haus, zu dem er kam, war das von Fatu.

Mahmud trat in der Hoffnung ein, sie zu sehen. Die Stiefmutter sagte ihm: „Meine Tochter Aischu ist schön, du wirst keine andere wie sie finden." Doch als der Sohn des Agha sie erblickte, sagte er ihr, es sei nicht diese, nach der er suche, und bestand darauf, auch die zweite

Tochter der Familie zu sehen. Die Frau sagte ihm, sie sei mager und abscheulich, doch der verliebte Mahmud bestand auf seinem Willen. Kaum fiel sein Blick auf Fatu, da hielt er auch bereits um ihre Hand an. Verschämt erklärte sich Fatu einverstanden, und Mahmud und seine Familie begannen, die Hochzeit für den folgenden Tag vorzubereiten.

Am Hochzeitstag sperrte die Stiefmutter Fatu in eine armselige Kammer ein und verschloss die Tür mit einem schweren Schloss. Sie zog ihrer Tochter Aischu das Brautkleid und einen Schleier an, damit der Bräutigam ihr Gesicht nicht erkennen konnte, und setzte sie in die Sänfte, in der traditionellerweise die Braut auf dem Rücken eines Kamels oder eines Pferds saß. Doch kaum hatten sie das Haus des Bräutigams erreicht, als der Hahn, der ihnen vorausgeeilt war, schrie: „Fatu ist im Gefängnis und Aischu in der Sänfte! Fatu ist im Gefängnis und Aischu in der Sänfte!"

Die durchtriebene Stiefmutter erblasste, denn Mahmuds Familie und die geladenen Gäste hatten den Hahn gehört. Die Musik erstarb und als man den Hahn fragte, was es damit auf sich habe, erzählte er ihnen die ganze Geschichte von Fatu und Aischu. Daraufhin befreite man Fatu aus ihrem Gefängnis, kleidete sie in die Brautkleider und brachte sie zum Haus des Bräutigams. Aischu und ihre Mutter jedoch zogen enttäuscht nach Hause zurück.

Der vierte Tag

Das Weinen der Berge

Am frühen Morgen
bei Regen und Schnee
unter sengender Sonne
mussten wir die Losung der Baath-Partei: „Eine vereinte
arabische Nation – mit einer ewigen Botschaft" in den
kurdischen Dorfschulen am Rand der Taurusberge
wiederholen, die zu uns blickten und weinten.

Eine altehrwürdige kurdische Familie

Ich wurde in eine altehrwürdige kurdische Familie
hineingeboren. Mein Vater war ein Lastenträger und
meine Mutter Hausfrau, sie kochte und putzte das Haus,
reparierte zerbrochene Fenster und schnitt mir alle zwei
Monate die Haare. Danach reinigte sie die deutsche
Schere, die der ganze Reichtum der Familie und die
Quelle unseres Stolzes war. Wir besaßen ein großes
Lehmhaus mit einer Holztür, die unser ganzes Leben
lang offenblieb, einem Schlafzimmer für die Familie
und einem Gästezimmer. Wenn wir keinen Besuch
hatten, vergnügten wir uns mit den Sperlingen, die ihre
Nester in unser Wohnzimmer bauten. Wenn wir traurig
waren, lauschten wir dem Sänger Muhammad Scheicho,
und Sa'id Jusuf, wenn wir heiter waren. Ich wurde in
eine altehrwürdige kurdische Familie hineingeboren,
deren Stammbaum der Maulbeerbaum im Hof war. Ich

wurde in eine altehrwürdige kurdische Familie hineingeboren, die Lenin ablehnte, da sie Mulla Mustafa Barzani verehrte.

Eine deutsche Schere glänzt in der Sonne von Karssor

für Cornelia

Niemand erinnerte sich, wer diese Schere gekauft hatte.
Meine Großmutter Kudschari, die vor zwei Jahren in
ihren Neunzigern gestorben ist, erzählte stets folgende
Geschichte: „Als ich deinen Großvater Ibrahim Sido
heiratete, lag die Schere schon in einem Schrank im
Haus. Als das alte Haus abbrannte und alles in Flammen
aufging, durchsuchten wir nach dem Brand die Asche
und fanden die Schere.

Die Schere machte unter den Barbieren von Karssor
und den anderen Dörfern die Runde. Dein Opa kümmerte sich um sie wie um ein Familienmitglied, er putzte
sie mit Öl und legte sie danach in die Sonne, bevor er
sie in ein feines weißes Tuch aus den Baumwollfabriken
von Aleppo wickelte."

Nichts blieb von der großen kurdischen Familie
übrig, die von Mardin nach Qamischli geflohen war.
Die Gründe für die Flucht erfuhren wir erst, als wir
älter wurden. Mein Großvater Ibrahim starb, die Großmutter starb, mein Onkel Ramsan starb, doch die
deutsche Schere glänzt noch immer in der Sonne von
Karssor.

Der Sommer

Als ich meine Augen öffnete, sah ich eine dunkelhäutige Frau, neben meinem Bett stehen. Sie war so schön wie der Mond. Sie wollte mich in die Arme nehmen und mit mir davonfliegen. Ich verstand kein einziges Wort von dem, was sie sagte. Sie bemerkte das, und ich rief meine Mutter, damit sie mir ihre arabische Sehnsucht ins Kurdische übersetzte. Meine Mutter sagte: „Das ist meine Tante Wadha." Ich verstand nicht, wie eine Frau, die eine uns unverständliche Sprache sprach, die Tante meiner Mutter sein konnte, die doch kein einziges arabisches Wort verstand; eine Frau, die nach der Nacht und nach Kaffee duftete, mit einem Gesicht voll Sehnsucht und mit dem schönsten Muttermal, das ich je gesehen hatte. Ich weiß nicht, wann sie kam und wann sie ging. Als ich morgens aufwachte, war sie bereits wieder nach Hasaka zurückgekehrt, was damals sehr weit weg lag. Ich fragte meine Mutter nach ihr und sie antwortete: „Nächsten Sommer kommt sie wieder." Da wünschte ich mir, dass alle Jahreszeiten Sommer wären und weinte vor Sehnsucht nach meiner Großtante.

Der kurdische Agha und die Zahnmedizin

Ein Stammesführer aus dem Omeri-Stamm hatte starke Schmerzen in seinen verfaulten Zähnen, die er noch nie geputzt hatte, denn er kannte weder Zahnbürste noch Zahnpasta. Dieser Agha war sehr wohlhabend, er besaß ein prächtiges Haus in Qamischli und weitläufige Ländereien im ganzen Land.

Jemand brachte ihn zu einem Arzt, der erst vor einem Jahr seine Praxis eröffnet hatte. Sie war mit der modernsten Medizintechnik in ganz Qamischli ausgestattet. Als der Agha die Praxis betreten und auf dem großen Zahnarztstuhl Platz genommen hatte, warf der Arzt einen Blick in seinen Mund. Die zerklüfteten schwarzen und gelben Zähne sahen aus wie kurdische Gebirgslandschaften. Der Arzt witzelte: „Agha, wenn Sie wollen, ziehe ich Ihnen alle Zähne und fertige Ihnen ein Gebiss ganz nach Ihren Wünschen an; das kostet 10 Goldlira. Wenn ich Ihnen nur die schlechten Zähne ziehe und durch fünf neue ersetze, was sehr schwierig ist, kostet es Sie genauso viel."

Aufgebracht rief der Agha: „Bei Gott, ich geh nicht runter von diesem Stuhl, bevor Sie mir nicht alle Zähne gezogen haben!" Er zog seinen Revolver und zeterte: „Gott helfe Ihnen, wenn Sie mir Schmerzen zufügen! Dann ballere ich Ihnen in den Kopf, bis das Magazin leer ist!" Dabei wedelte er mit dem Revolver vor dem Gesicht des jungen Arztes herum.

„Um Gottes Willen, Agha", antwortete der Doktor lachend, „ich bereite Ihnen doch keine Schmerzen! Legen Sie bitte nur den Revolver beiseite, damit nicht noch der Teufel ohne Ihre Erlaubnis eine Kugel abfeuert."

Der Agha überlegte kurz und legte seinen Revolver auf dem kleinen Tisch neben dem Behandlungsstuhl ab.

Der Doktor zwinkerte der jungen Arzthelferin zu und stellte sich vor den Tisch, damit der Agha nicht mitbekam, was mit dem Revolver geschah.

„Ich möchte Sie etwas fragen, Agha, haben Sie Angst vor einer kleinen Spritze?"

„Was ist schon eine Spritze! Ich habe selbst vor zehn Spritzen keine Angst!"

Der Doktor verabreichte ihm eine Injektion zur lokalen Narkose des Kopfes. Nachdem der Agha eingeschlafen war, zog er ihm alle Zähne, säuberte und reinigte den Mundraum und gab ihm eine Spritze gegen Entzündungen und eine weitere starke Spritze zur Schmerzlinderung. Als der Agha aus der Narkose erwachte, rief der Arzt dessen Sohn an, der Anwalt werden wollte, und bat ihn, seinen Vater mit dem Auto abzuholen und heimzubringen. Als der junge Mann ankam, übergab ihm der Arzt den Revolver und forderte ihn auf, nach einer Woche mit seinem Vater zurückzukommen, damit er sich die Wunden anschen und Maß für das Gebiss nehmen könne. „Aber die Waffe bleibt daheim", trug der Arzt dem Sohn auf, der sich für seinen Vater schämte.

Feine Unterwäsche auf der Wäscheleine

Als Bahsita, das Rotlichtviertel von Aleppo, seine Tore schloss, bemerkten die Männer in Qamischli eine ungewöhnliche Bewegung in dem weißen Lehmhaus, das plötzlich neben der Wasserbehörde nur wenige Meter entfernt vom Grenzübergang zwischen dem türkischen Nasibin und Qamischli entstanden war, eine Bewegung, an die sich die Stadt und vor allem ihre Männer noch lange erinnern sollten.

Von nun an verglichen die Männer die Hinterteile, Beine, Parfüms, den Satin und die Spitzen, die prächtigen Betten und feinen seidenen Dessous, die bewundernde

Pfiffe auslösten, mit dem, was sie von ihren schäbig gekleideten Ehefrauen in den Lehmhäusern in den ärmlichen Dörfern kannten.

Der strategisch gewählte Standort des Hauses inmitten von Maulbeer-, Äpfel- und Orangenbäumen nahe der Kaserne des Grenzschutzes schützte die männlichen Besucher vor den Augen der Neugierigen, die vom anderen Ufer des Flusses Dschaghdschagh einen Blick auf eine der Frauen zu erhaschen hofften. Nachmittags saßen die Frauen auf kleinen Holzstühlen an der östlichen Mauer des Hauses, um die Sonne zu genießen und den Menschen und Autos nachzuschauen. Im Sommer konnten sie sogar die große Leinwand des Freilichtkinos sehen.

Zum ersten Mal sahen wir eine Frau in einem feinem Nachthemd aus dem Haus treten und ohne Scham ihre ebenso feine Unterwäsche auf die Leine hängen, zum ersten Mal sahen wir eine Frau ungeniert in der Öffentlichkeit rauchen. Wir setzten uns an den Fluss und gaben vor zu angeln, vielleicht würden wir ja einen Blick auf eine der Frauen erhaschen oder auf ihren Busen, wenn sie sich bückte, um Wildblumen zu pflücken, die rings ums Haus wuchsen.

Wenn nachts unsere Familie schlief, huschten wir leise aus dem Haus an unseren Lieblingsplatz, um die Männer zu beobachten, die dort ein- und ausgingen, die Vorhänge und roten Lampen, die Bewegungen der Frauen im Haus. Wir stellten uns die Betten vor, die auf dem Boden verstreute Unterwäsche und das Stöhnen, das hoch und weit in den Himmel über Qamischli flog.

Tagsüber schwänzten wir die Schule, den Unterricht in nationaler und militärischer Erziehung der flegelhaften sadistischen Baath-Lehrer und gingen schnurstracks zum weißen Haus und seinen schönen Frauen, die aus Aleppo, Homs, Beirut, Damaskus und Istanbul kamen.

Doch die rasch aufeinanderfolgenden Geschehnisse zu Beginn der 1980er Jahre, die Syrien erschütterten, der Kampf gegen die Muslimbrüder, der Angriff auf die Sicherheitsapparate in Damaskus, Hama, Aleppo und Qamischli ergriffen jedes syrische Haus, sogar das weiße Haus. Da nützte es den Damen des Hauses auch nichts, dass sie neutral waren und alle Parteien beglückten.

Die bewaffneten islamistischen Milizen sahen in dem Haus den schlagenden Beweis für die Dekadenz des Regimes, welches die Laster förderte. Wiederholt versuchten sie, es mit allem, was darin war, niederzubrennen, doch die Behörden stellten klar, dass die Existenz dieses Hauses ein Zeichen für die säkulare Einstellung und die Macht der Regierung sei.

An die letzte Nacht erinnert sich nur noch Monte Carlo. Eigentlich hieß er Dschawisch, aber er liebte den Namen Monte Carlo wegen seines musikalischen italienischen Klangs. Dieser Mann betrat als letzter das Haus und verbrachte eine letzte Nacht mit Gülizar, die Kurdisch, Arabisch, Türkisch und Aramäisch sprach.

Monte Carlo erzählte: „Ich war der einzige im Haus mit sieben Frauen und hatte mir Gülizar ausgesucht, obwohl sie die Älteste war. Doch sie hat einen goldenen Hintern, Marmorbrüste und lange schwarze Wimpern.

Sie tanzte nur für mich, wir tranken importierten

französischen Kognak und rauchten Kent-Zigaretten. Sie wusste, dass es die letzte Nacht für uns beide war.

Sie erzählte mir, dass sie in die Türkei zurückginge, nach Diyarbakir vielleicht oder auch nach Istanbul:

‚Wir haben nichts mit all dem zu tun, was hier gerade geschieht. Wir suchen nach einer Stadt weit weg, die friedlich ist und voller Männer.'"

Monte Carlo zündete sich eine lange Zigarette an und zog aus seiner Jackentasche das Foto einer schönen Frau im Minirock, die auf seinen Knien saß. War das Gülizar? Vielleicht.

Wir lauschten Monte Carlo, der sein Leben als Muezzin begonnen, sich dann zu einem Spieler und Trinker gewandelt und sein Hab und Gut für seine persönlichen Vergnügungen verschleudert hatte. Er war unsere einzige Quelle für alles, was mit Vergnügen zu tun hatte, mit Neuigkeiten aus den verbotenen Häusern, Pornofilmen und freizügigen Zeitschriften, die er von Beirut und Istanbul mitbrachte und für ein bisschen Kleingeld heimlich an die jungen Männer in der Stadt weitergab.

Damals gehörte Qamischli noch seinen Einwohnern, den Kurden, Armeniern, Arabern und Aramäern, damals, als das Freilichtkino noch das größte Kino in der Dschasira-Region war und die neuesten und schönsten Filme zeigte, die direkt aus Beirut, der Schweiz des Nahen Ostens, geliefert wurden.

Häuser

Ich kenne die Häuser von Karssor, ich habe sie mir eingeprägt mit ihren wenigen Bäumen, ihren Gerüchen und der Wäsche auf den Wäscheleinen, die von Haus zu Haus gespannt waren. Sie rochen nach den abwesenden Männern, die in Qamischli, Aleppo, Damaskus oder Beirut waren. Ich kenne die Häuser von Karssor, seine Steine und Vögel und die Wolken, die am Anfang des Winters übers Dorf zogen. Ich kenne die Häuser von Karssor und den Geruch des Staubs, die Hoffnungen seiner Einwohner und einen jeden ihrer Träume. Ich kenne die kleinen Häuser von Karssor, die mittlerweile vergrößert wurden. Aber kennt Karssor mich, der ich allein weggegangen bin, ein Zweig von seinem Baum? Ich werde immer wieder zurückkehren.

Die Geschichten und die kurdische Sprache

Als ich einmal meine Großmutter fragte, warum sie Geschichten so sehr liebe, dass sie sogar ihren Hunger vergaß, wenn man ihr eine schöne Geschichte erzählte, antwortete sie: „Mein Kleiner, diese Geschichten und die alten Lieder haben die kurdische Sprache vor dem Vergessen bewahrt. Besteht denn eine Sprache nicht aus den Geschichten, die man sich erzählt?"

Militärstiefel

Ein alter Militärstiefel am Rand der staubigen Straße, vergessen und unbeachtet. Vielleicht gehörte er einem Soldaten, der im Kampf fiel oder desertiert ist, weil es nicht sein Kampf war. Vielleicht gehört er aber auch einem Zivilisten, der ihn verlor und nun barfuß unterwegs ist. Ein alter Militärstiefel am Straßenrand. Ich wüsste gerne, wo sein Besitzer jetzt ist.

Der Falke

Wo ist der Falke, Vater? Dort in den Bergen von Hadsch Nassir und Dschamirli. Mein Vater läuft mit seiner Taube und seinen Schlingen voran und ich hechle hinter ihm her. Haben wir noch Wasser, Vater? Nein, aber bald erreichen wir Tubs. Wir sehen einen Sperber über uns kreisen. Mein Vater holt den Feldstecher hervor und sagt: Normalerweise fliehen die Sperber vor dem Falken. Das sind gute Neuigkeiten. Wir lassen uns zwischen den Feldern mit Wassermelonen nieder. Mein Vater zündet sich seine Zigarette an und wartet auf den Falken, der nie kommen wird.

Das erste Gedicht

Mein erstes Gedicht schrieb ich an die Lehmwand unseres Hauses in Karssor und las es meiner Mutter und meiner Schwester Aischana, den Weizenfeldern und den Sperlingen im Hof vor.

Scharen von Flughühnern kreisten hoch über Karssor, unterwegs in die nahen Berge von Bira Bazen. Ich schaute ihnen sorgenvoll nach wie eine Mutter, deren Sohn als Soldat in einem alten russischen Lastwagen an die Front gebracht wird. Ich liebte die Vögel am Himmel von Karssor und die Blumen in den Weizenfeldern in den Bergen. Ich liebte die Menschen, die erschöpft aus weit entfernten Städten ins Dorf zurückkehrten und sobald sie den Kopf auf seine Erde betteten, beseelt einschliefen, so wie ich beruhigt schlief, wenn meine Mutter neben mir war.

Der Weg

Die Sonne scheint ruhig hinter den fernen Bergen hervor, der Esel steht vor dem Haus, und meine Eltern binden ihm Säcke mit aleppinischem Weizen auf den Rücken. Der Weizen hat verschiedene Namen: der italienische, der mexikanische, aber der beste ist der aleppinische. Ich muss schnell zur Mühle in Tubs. Meine Mutter gibt mir fünf Lira und ein kleines Körbchen mit Brot und gekochtem Ei. Mit einer schnellen Bewegung springe ich auf den Rücken des Esels und mache mich auf nach Tubs. Zwischen Kutia, Qaudschi und Tubs komme ich an Melonenfeldern vorbei, hier bin ich am liebsten: Berge, Flughühner, Wildhasen und Füchse, die manchmal fliegen. Ich breche mit meiner kleinen Hand eine Melone auf und schaue von hier auf Karssor, über mir der Flügelschlag einer Taube auf der Flucht vor dem Sperber, und zur Sonne, die genau über unserem Haus steht.

Arbeit

In den Sommerferien half ich meinem Vater beim Hüten
der Schafe, die er im Winter kaufte und zum Sommer-
ende oder Herbstbeginn wieder verkaufte. Mit ihnen
streifte ich durch die umliegenden Berge. Der Duft des
Weizens nach der Ernte, die Scharen von Flughühnern,
die Sonne zur Mittagszeit, die grünen John-Deere-
Mähdrescher, die modernen Silverado Chevrolets, die
Keys-Traktoren, der Falke, auf den mein Vater wartet.

Nach all diesen Jahren schaue ich mir Karssor auf
dem Foto an, das vor mir auf dem Tisch in meinem
Zimmer im Exil liegt. Ich schließe die Augen und laufe
den Schafen hinterher.

Sammeltaxi nach Mossul

Ein alter Diesel-Mercedes steht am Platz, von dem aus
die Sammeltaxis nach Mossul fahren, und der Platz-
ausrufer ruft: „Noch ein Passagier, einer noch!"

Nach einigen Minuten kommt ein Mann mit einem
kleinen Plastikkoffer angelaufen und winkt dem Platz-
ausrufer zu. Der öffnet ihm die vordere Tür und stößt
ihn kraftvoll in den Wagen, damit die Tür zugeht.

Dann setzt sich das Auto in Bewegung und lässt
eine schwarze Wolke und das Husten der Fußgänger
zurück.

Die arabischen, kurdischen und aramäischen Iraker
kommen nach Qamischli, um Tee aus Ceylon, syrischen
Kaffee und Baklawa aus Aleppo einzukaufen, und wir
kaufen von ihnen qualitativ hochwertige Frauenkleider,

köstliche irakische Datteln sowie Haushaltsgefäße, die im schönen, fernen Mossul hergestellt werden. Wir träumten davon, die Stadt zu besuchen, die wir doch immer nur auf Postkarten sehen konnten, die unsere Verwandten von dort schickten, denn Saddam Hussein hatte dem Iran den Krieg erklärt und die Grenzen zu Syrien abgeriegelt.

Die Mädchen aus der Buchhandlung

In den Sommerferien suchte mein Vater nach einer Beschäftigung für mich. Onkel Dschamilo schlug die Autowerkstatt seines armenischen Freundes vor. Großvater Naifku schaute sich meinen mageren Körper an und meinte, er könne mir sicher eine Arbeit im Lokal Damaskus besorgen, wo er sich ständig aufhielt.

Doch Vater wollte lieber, dass ich in der Buchhandlung Dar al-Liwa seines Freundes Anis arbeitete, da dort in den Zeitungen al-Safir, al-Mustaqbal, al-Kifah al-Arabi, al-Hadaf und al-Hurriya Bildung, Wissen und die allerneuesten Nachrichten vorhanden seien.

Ich selbst zog auch die Buchhandlung vor, weil da die schönsten Mädchen von Qamischli arbeiteten.

Zu meinen Aufgaben gehörte nicht nur, die Zeitschriften und Zeitungen zu sortieren und zu den Abonnenten in den Läden auf dem Markt zu bringen, sondern auch, deren Wünsche zu erfüllen.

Zum ersten Mal sah ich Lippenstifte und hörte aufregende Worte wie BH, Regelschmerzen und lautes Frauengelächter.

Sima war eine der schönsten Angestellten; sie war

es, die all diese Worte sagte und ihre Jeans hochzog, wenn jenes entzückende Stück ihres Rückens sichtbar wurde, diese Stelle zwischen Steißbein und Pobacken. Ich wartete immer darauf, dass sie sich aus irgendeinem Grund bückte, um mein Verlangen nach dieser zauberhaften Stelle zu stillen, die ich mir noch lange später vorstellte.

Der Sänger Muhammad Scheicho

Von ferne tauchte das Dorf Chadschuki auf, wie ein kleines Mädchen, das auf Zehenspitzen einen Stern vom Himmel pflückt.

Von weitem wehte auch die Stimme von Muhammad Scheicho herüber, der seine Lieder zwischen Äckern, Bergen und Starenschwärmen ausstreute.

Auf den staubigen Wegen zwischen Karssor und den anderen Dörfern begegnete uns manchmal ein süßes Lied, das dem Sänger auf seiner Flucht vor den Geheimdiensten und der Polizei zwischen den Maulbeerbäumen, den Wolken und dem Traum von Kurdistan abhandengekommen war.

Das Reh

Als der grüne John-Deere-Mähdrescher in Karssor ankam, war mein Vater glücklich. Er brachte leere Jutesäcke herbei und bat meine Mutter um kaltes Wasser für den Fahrer und Hanffäden zum Zunähen der Säcke.

Der Mähdrescher stand vor unserem Haus in all seiner Pracht und Eleganz.

Stunden später würden pralle Weizensäcke sorg-
fältig angeordnet vor dem großen Holztor stehen und
an die reichen Bauern zurückgehen. Es war schon seltsam, wie wir uns über diesen reichen Ernteertrag freu-
ten, als sei es unser eigener.

Hinten an der amerikanischen Mähmaschine prang-
te ein gelbes Reh. Ich sah, wie es zwischen den Häusern
von Karssor herumsprang, bevor es wieder an seinen
Platz hüpfte.

Tränen aus Stahl

Am Ende der Erntesaison sah ich Tränen an der grünen
John-Deere-Mähmaschine.

Lehrer Saido bestätigte uns: „Im Winter weinen die
Mähdrescher vor Hunger."

Wir wussten nicht, ob es die Tränen der Maschine
oder die des gelben Rehs auf der Motorhaube waren.

Im April hatten die Mähmaschinen viel zu lachen.

Man konnte sie hören, während man die Sonne über
den Weizenfeldern und den Bergen um unsere Dörfer
herum betrachtete.

Der verrückte Ismail

1

Ein paar Jugendliche saßen unter den Bäumen am
Dorfrand, tranken Arak und grillten Fleisch. Als der
verrückte Ismail vorbeikam und sie ihn einluden, sich
zu ihnen zu setzen, lehnte er nicht ab und fing an, Kebab
und gegrilltes Hühnchen hinunterzuschlingen. Doch

als sie ihn aufforderten, Arak zu trinken, wandte er sich ihnen zu: „Ihr trinkt Arak, um verrückt zu werden. Wenn ich, der Verrückte, jetzt Arak trinke, was passiert dann mit mir? Ihr werdet so wie ich, aber ich will nicht werden so wie ihr!"

Da lachten sich alle schief und krumm.

2

Der verrückte Ismail besuchte einmal eine der abendlichen Zusammenkünfte bei seinem Onkel, dem Bürgermeister im Ort. Nachdem die Männer in ihre Häuser zurückgekehrt waren, bereitete man ihm ein Lager, und auch der Bürgermeister legte sich schlafen.

Als der Bürgermeister am nächsten Morgen in den Versammlungsraum ging, hatte der verrückte Ismail ihn bereits verlassen und die Hälfte des großen Teppichs mitgenommen; die andere Hälfte lag noch da.

Bei seinem nächsten Besuch einen Monat später fragte ihn der Bürgermeister: „Warum hast du nicht den ganzen Teppich mitgenommen, sondern ihn in zwei Teile geschnitten?"

Ismail erwiderte: „Ich habe nur den Anteil meiner Mutter – deiner Schwester - am Teppich genommen. Dir habe ich deinen Teil dagelassen."

3

Als die Tabakschmuggler in Amude nach Belieben schalteten und walteten, ohne dass die Zollbeamten und ihre Patrouille, die sich auf die Innenstadt konzentrierten, auch nur eine einzige Spur gefunden hätten, die sie zu den Verstecken der Schmuggler führte, lief eines Tages der verrückte Ismail vorbei. Da dachte sich der Chef der Wache, dass dieser Verrückte ihnen unter Umständen helfen könne, die Schmuggler ausfindig zu machen, und fragte ihn, ob er einen Ort kenne, an dem ganz viel Tabak sei. Der verrückte Ismail antwortete, er kenne den Ort, nach dem er suchte.

Der Chef der Patrouille forderte ihn auf, sie an diesen Ort zu führen, doch Ismail sagte: „Ich bin hungrig. Lassen Sie uns erst in einen Kebabladen gehen und danach zeige ich Ihnen, wo der Tabak liegt."

Der Chef ging mit ihm in ein Lokal. Nach dem Essen bestellte Ismail noch einen Teller Baklava und eine Schachtel Zigaretten, alles auf Kosten des Chefs der Patrouille. Als er aus der Toilette wiederkam, sagte er: „Na los, fahren wir dorthin, wo der Tabak ist!"

Ismail setzte sich vorne neben den Chef der Patrouille, der den Militärjeep selbst fuhr, und sagte, er solle zur türkischen Grenze fahren. Dort angekommen sagte der verrückte Ismail: „Mein Herr, sehen Sie dieses Dorf auf der türkischen Seite? Das ist Chursi. Dort gibt's ganz viel türkischen Tabak, von dort kaufen ihn die Schmuggler."

Da drehte sich der Beamte zu seinen Kollegen um und sprach: „Wie es aussieht, bin ich hier der Verrückte und er ist der Kluge! Er hat mich zum Narren gehalten! Er hat Kebab gegessen und etwas getrunken, Zigaretten erhalten und sogar auf dem Klo war er noch, und das alles auf meine Kosten!"

4

Ismail ging zum Bürgermeister, der demselben Stamm angehörte wie er und ein Linker war, und verlangte, zum Chef der Müllabfuhr in Amude ernannt zu werden.

Er erledigte seine Arbeit zum Allerbesten und behandelte seine Arbeiter mit Wohlwollen und Respekt. Er setzte sich zu ihnen, aß und lachte mit ihnen und sagte: „Seht ihr, hier sitzt der Chef mitten unter euch!"

Er verbot jedoch seinen Arbeitern, die Müllsäcke aus den Häusern der Leute zu holen, die Verbindungen mit den Geheimdiensten hatten, bis sich der Müll tage- und wochenlang vor ihren Häusern anhäufte.

Als sie sich beim Direktor der Stadtverwaltung beschwerten, bestellte dieser den Chef der Müllabfuhr, den verrückten Ismail, nach Dienstschluss in sein Büro ein: „Sag mal, Ismail, was hat es mit dem Gestank und dem Müll auf sich, der vor einigen Häusern aufgetürmt ist?"

Ismail erwiderte lachend: „Der Gestank kommt doch nicht vom Müll, sondern von den ekligen Spitzeln."

5

Einmal ging der verrückte Ismail ins Kaffeehaus und sah dort einen der Reichen rauchen und Tee trinken. Er wandte sich seinem Busenfreund Haidaru zu: „Jetzt pass mal auf, wie ich diesem reichen Dummkopf das Geld aus der Tasche ziehe!"

Er ging zum Tisch des reichen Mannes und sprach: „Wenn ich Ihnen eine schöne Neuigkeit überbringe, geben Sie mir dann eine Lira?"

Der Mann antwortete: „Wenn sie das wert ist, dann gebe ich dir sogar fünf Lira!"

Ismail sagte: „Letzte Nacht sah ich Sie im Traum in einem weißen Gewand. Auf Ihrem Gesicht erstrahlte ein Licht und Sie lächelten. Da war noch eine andere Gestalt, deren Gesichtszüge nicht erkennbar waren, sie bestand aus Licht und Helligkeit. Diese Gestalt sagte mir, sie sei ein Engel und Sie würden nach einem langen Leben ins Paradies eingehen."

Daraufhin erhob sich der Reiche, küsste Ismail und gab ihm fünf Lira. Ismail nahm den Geldschein, steckte ihn in die Hosentasche und sagte zum Reichen: „Sie gehen ins Paradies, und raten Sie mal, wohin ich jetzt gehen werde?"

„Wohin denn?", fragte ihn der Reiche neugierig.

„Zuerst ins Lokal mit meinem Freund Haidar, da essen wir auf Ihre Kosten, und danach zur Hölle!"

Als die anderen Gäste im Kaffeehaus das hörten, brachen sie in schallendes Gelächter aus.

6

Der verrückte Ismail war auf dem Heimweg. Seine Wohnung bestand nur aus einem Winkel in der Nähe des Marktes in der Stadtmitte von Amude, wo er den ganzen Tag und die halbe Nacht umherstreifte. Wenn er schlafen wollte, ging er zum Haus eines Verwandten und schlief dort bei den Schafen.

Eines Tages nun begegnete er dem Nachbarn seines Onkels, einem Kommunisten, der aus zweierlei Gründen als Anhänger von Chalid Bakdasch bekannt war: Erstens, weil er Kurde und Kommunist war, und zweitens, weil er behauptete, er würde den Sozialismus in Syrien verwirklichen.

Dieser Nachbar saß auf einem Stuhl bei der Haustür und weinte heftig. Da die Tür offenstand, hörte Ismail das Klagen der Ehefrau und Kinder im Haus.

Der verrückte Ismail trat heran und fragte ihn: „Es ist hoffentlich alles in Ordnung? Geht es Ihrer Frau und Ihren Kindern gut?"

Der Nachbar schüttelte verneinend den Kopf und seine Tränen strömten ihm übers Gesicht.

„Jetzt mache ich mir aber Sorgen um Sie! Ist das Weizenfeld abgebrannt?

Ist das Haus Ihrer Eltern niedergebrannt?

Haben Diebe all Ihre Ersparnisse gestohlen, die Sie unter dem Bett verwahrt hatten?

Oder fahnden etwa die Geheimdienste nach Ihnen?"

„Nein, Gott sei Dank nicht," antwortete schließlich der Nachbar, der auf jede Frage mit heftigem Kopfschütteln reagiert hatte.

„Warum denn dann all diese Tränen? Sie sollten sich schämen, Sie sind doch ein Mann mit einer Familie. Ein Mann weint nicht ohne Grund!"

Da seufzte der Nachbar mit zitternder Stimme: „Ohne Grund? Das ist eine Katastrophe für uns! Genosse Breschnew ist gestorben!"

Der verrückte Ismail erwiderte daraufhin: „Wer ist denn Breschnew? Komischer Name!"

„Du kennst Breschnew nicht? Das ist der Präsident der Sowjetunion, die dem weltweiten Imperialismus die Stirn bietet!"

„Ach so. Aber warum weinen dann auch Ihre Frau und Ihre Kinder?"

„Weil meine Frau zu lachen begann, als ich ihr vom Tod des Genossen erzählte. Da habe ich ihr eine Ohrfeige gegeben, und nun weinen die Kinder mit ihr mit."

„Mensch, ist das denn Ihr Vater? Der Mann Ihrer Mutter? Ihr Bruder oder Verwandter? Wo gibt's denn so was! Jetzt sagen Sie mir doch bitte, wer hier verrückt ist, ich oder Sie? Hoffentlich schmort Breschnew nun in der Hölle, und hoffentlich folgen Sie ihm dorthin nach, wenn Sie ihn so sehr lieben und Ihre Frau seinetwegen schlagen, Sie Dummkopf!"

Sprachen

Sie waren verrückt danach, fremde Sprachen zu erlernen, die Kinder der Bauern, die in besseren Häusern aus Beton wohnten, während wir die Sprache der Wolken und der Wildblumen, der Spatzen und der Flughühner beherrschten, wir, die Kinder aus den Lehmhäusern mit den kaputten Fenstern und den Türen, die in Erwartung von Gästen stets offen waren.

Die Liebesgeschichte von Sain und Mimo

Meine Mutter nannte mich Mimo, da ich ihr Lieblingssohn war. Als ich sie nach dem Grund dafür fragte, erzählte sie mir die Geschichte hinter diesem Namen:

An einem Neujahrsfest, das die Perser und Kurden im Frühjahr begehen, verkleideten sich die Prinzessinnen Sitti und ihre jüngere Schwester Sain, Schwestern des Emirs Sain ad-Din, Herrscher von Butan im türkischen Kurdistan, als Männer. Sie wollten zu den Feiern in der Stadt außerhalb des Schlosses gehen, um nach ihrem Traumprinzen Ausschau zu halten.

Auf ihrem Rückweg begegneten sie zwei Sklavinnen, die behände auf sie zuliefen, doch kaum hatten sie einander erblickt, da fielen die beiden Sklavinnen in Ohnmacht. Die erstaunten Prinzessinnen wollten die Ursache dafür erfahren und so steckte jede ihren Ring an die Hand einer Sklavin, um sie später wiederzuerkennen.

Doch die beiden Sklavinnen waren in Wirklichkeit junge Männer, die sich als Frauen verkleidet hatten, um die Prinzessinnen zu sehen, die im ganzen Königreich bekannt waren. Der eine von ihnen war Mimo, der Sohn des Kabinetts-Protokollschreibers, und der andere war sein Freund Tadsch ad-Din, der als Sohn eines Ministers zur höchsten Gesellschaftsschicht gehörte, während Mimo als Sohn eines Schreibers aus einer niedrigeren Schicht stammte.

Als die beiden Jünglinge wieder zu sich kamen, entdeckten sie die Ringe an ihren Fingern. Auf dem Ring von Tadsch ad-Din stand der Name Sitti eingraviert, und auf dem an Mimos Hand stand Sain. Doch wie konnten sie die Prinzessinnen erreichen? Sie hatten doch nur die beiden Ringe.

Auch die Prinzessinnen wollten die beiden „Sklavinnen" wiedersehen, um zu verstehen, warum diese bei ihrem Anblick in Ohnmacht gefallen waren. So begann sich allmählich ihr Leben zu verändern, bis die Wahrsagerin des Schlosses diese Veränderung bemerkte und die jungen Frauen danach befragte. Nachdem sie die Geschichte vernommen hatte, meinte die Wahrsagerin, dies sei vielleicht nur ein Traum oder Hirngespinst, doch nun erzählten ihr die beiden Prinzessinnen auch von den Ringen, die die beiden Sklavinnen bei sich trügen.

Da begann die alte Wahrsagerin nachzuforschen und reiste unter dem Vorwand, seelische und körperliche Qualen heilen zu können, im ganzen Land umher. Letztendlich stieß sie auf Tadsch ad-Din und Mimo, die beide Liebesqualen litten und schmerzliche Sehnsucht verspürten, und erkannte in ihnen die beiden Sklavinnen. Als die Jünglinge ihr ihre Geschichte erzählten, verstand sie den Grund für die Erschütterung im Leben der Prinzessinnen und der Jünglinge.

Tadsch ad-Din gab der Wahrsagerin den Ring von Sitti und bat sie, ihr die besten Grüße und seinen Wunsch auszurichten, sie zu ehelichen. Mimo jedoch konnte nichts dergleichen tun, denn er wusste, dass er als Mitglied einer viel niedrigeren Gesellschaftsschicht nicht so einfach um die Hand einer Adligen anhalten konnte.

Tadsch ad-Din heiratete Sitti in der Hoffnung, dadurch dem Emir näher zu sein und es leichter zu haben, die Heirat Mimos mit seiner geliebten Sain einzufädeln. Doch die Winde wehten aus einer anderen Richtung, als die Schiffe es sich wünschten.

Als der Kammerherr des Emirs, der Künstler Bako, der Sain ebenfalls heiraten wollte, von den Hochzeitsplänen mit Mimo erfuhr, schmiedete er ein Komplott.

Nachdem er bereits viele andere Intrigen gesponnen hatte, hetzte er den Emir Sain ad-Din mit der Lüge auf, Tadsch ad-Din sammle seine Verbündeten im Königreich und trachte danach, die Herrschaft zu übernehmen. Zu diesem Zwecke wolle er Sain mit seinem besten Freund Mimo verheiraten. Da schwor der Emir, dass seine jüngere Schwester Mimo niemals ehelichen werde.

Sain begann, die Leute zu meiden, sie zog sich in ihre Kammer zurück und wurde kränklich, sprach wenig und weinte viel. Ebenso erging es Mimo, auch er wurde schwach und streifte ziellos in den Bergen und im Land umher, rezitierte Gedichte und weinte.

Bako intrigierte weiter gegen Tadsch ad-Din und seinen Freund Mimo und erzählte dem Emir eines Nachts, dass die Liebesgeschichte von Sain und Mimo im ganzen Reich bekannt sei. Als der Emir einen Beweis für diese Behauptungen forderte, schlug Bako ihm vor, einen Schachwettbewerb mit Mimo auszutragen.

Der Emir forderte Mimo zu einem Schachspiel heraus, stellte jedoch die Bedingung, dass der Verlierer tun müsse, was der Sieger von ihm verlange. Bako ordnete nun das Schachturnier so an, dass Mimo am Fenster saß. Kaum erblickte dieser Sain, konnte er sich nicht mehr konzentrieren und verlor mehrmals gegen den Emir. Daraufhin verlangte der Emir von Mimo, ihm von der „Frau seiner Träume" zu erzählen.

Mimo konnte nicht antworten, doch Bako provozierte ihn mit der Behauptung, er liebe eine hässliche Sklavin. Da wurde Mimo zornig und erzählte, seine Geliebte sei eine Adlige, deren Herkunft ihr keiner streitig machen könne, da sie eine Prinzessin aus der Herrscherfamilie von Butan sei.

Mimo wurde ins Gefängnis geworfen und das Leben von Sain wurde noch einsamer und trister.

So verging ein Jahr, das Mimo im Kerker und Sain in Tränen und Abgeschiedenheit verbrachte. Wiederholte Male lehnte der Emir eine Begnadigung ab. Als er dann doch einmal seine Schwester Sain in ihren Gemächern aufsuchte, erschrak er über ihre Ausgezehrtheit und verblühte Schönheit und beschloss, Mimo zu begnadigen. Doch dieser kämpfte im Kerker bereits mit dem Tod.

Sain ad-Din brachte seine Schwester zu ihrem geliebten Mimo und schwor, sie zu verheiraten, sobald sich ihr Gesundheitszustand bessere. Er ahnte nicht, dass Mimo bereits todkrank war. Als Mimo Sain erblickte, hielt er sie zunächst für eine Wahnvorstellung vor dem nahenden Tod. Doch dann setzte sie sich zu ihm und sie unterhielten sich mühsam, bevor er mit einem Lächeln auf den Lippen aus dem Leben schied, beglückt über ihre Zusammenkunft nach so langer Zeit.

In derselben Nacht verstarb auch Sain, voll Trauer und Schmerz über ihren geliebten Mimo. Als Tadsch ad-Din vom Tod seines Freundes im Kerker erfuhr, tötete er Bako in einem Zornesausbruch.

Zum Gedächtnis an ihre Liebesgeschichte wurden Mimo und Sain nebeneinander beigesetzt. Es heißt, Bako sei zu ihren Füßen begraben, damit jeder, der die beiden Gräber in Butan besucht, ihn verflucht.

Der fünfte Tag

Mein Vater und das kleine Philips-Radio

1

Die Kurden sprechen / über die bezaubernde Natur in
Kurdistan / seine hohen Berge / seine wunderbare
Sonne / und ziehen zu Tausenden nach Schweden / wo
die Sonne / nur zweimal im Jahr scheint.

2

Über die schroffen Berge / zwischen der Türkei und
dem Irak hinweg / durch das Meer zwischen Griechen-
land und Italien hindurch / bin ich auf dem Weg zu dir,
Freiheit!

Aus meinen Erinnerungen im Exil:
Eine kurze Freude und eine lange Trauer

Mitte der 1970er Jahre, wenn ich mich recht entsinne,
kaufte mein Vater ein Transistorradio von Philips mit
fünf Frequenzen von einem armenischen Händler, der
gerade aus dem Libanon zurückgekommen war. Dieses
kleine Gerät, das man so zum ersten Mal in Karssor
sah, war in aller Munde.

Das Radio brachte Glück in unser Haus und die
Nachbarhäuser. Mein Vater stellte es ganz laut, wenn
morgens Fairuz sang und abends Um Kulthum, in deren
Seufzer er regelmäßig einfiel.

Eines Nachts fanden wir alle keinen Schlaf, denn
aus den umliegenden Dörfern waren zahlreiche Gäste

gekommen, um den Nachrichten zu lauschen, die der BBC World Service aus aller Welt zu uns brachte. Ich erinnere mich noch jetzt an die laute Stimme des Ansagers, der nach den berühmten Turmschlägen des Big Ben verkündete: „Huna London, hier ist London!" An dieser Stelle sprang mein Onkel Dschamilo wie von der Tarantel gestochen auf und rief: Huna Karssor! Da lachten alle und bliesen zufrieden den Rauch ihrer Zigaretten in die Luft.

Aber die Freude währte nicht lange, denn schon nach wenigen Tagen erschien eine Polizeipatrouille. Der Bezirkskommandant Alawi as-Sattam sprang aus dem Militärjeep und forderte seinen Fahrer auf, das Radio vor den Augen meiner Eltern und den vor unserem Lehmhaus versammelten Dorfbewohnern zu zerstören. Ein Informant aus einem Nachbarort, der für seine Kollaboration mit Polizei und Geheimdienst bekannt war, hatte einen Bericht an den Bezirkskommandanten in Amude geschrieben. Darin hieß es, dass die Leute aus Karssor und den Nachbardörfern von diesem kleinen Apparat aus die Nachrichten von der kurdischen Revolution verfolgten, die weit entfernt in den kurdischen Bergen des Irak von Mustafa Barzani angeführt wurde.

Während der wenigen Tage war das kleine Radio Quelle der Freude für alle Dorfbewohner gewesen. Sie hatten Tee getrunken, geschmuggelten kurdischen Tabak geraucht und dabei den Liedern der kurdischen Sänger gelauscht, die vom staatlichen Radio Bagdad innerhalb der kurdischen Sendezeiten ausgestrahlt wurden. Auch Lieder von Nasem al Ghasali, Mohammed

Abdel Wahab und anderen arabischen Sängern und Sängerinnen waren gespielt worden.

Noch tagelang spielten die Dorfkinder und ich mit den Überresten des zerbrochenen Radios, die überall auf dem Hof herumlagen. Vergeblich suchten wir nach den Liedern und Stimmen, die aus dem Radio gekommen waren und sich im Himmel über Karssor verflüchtigt hatten. Übrig blieben nur Kummer und Trauer um das kleine Radio.

Hisso und Rammo

Jeden Abend begab sich Hisso ins Haus des Bürgermeisters, wo sich regelmäßig die Männer des Dorfes versammelten. Der Agha und seine Männer baten ihn, eine Geschichte zu erzählen, die ihm zugestoßen war, und so begann er zu erzählen.

Diese Geschichten versetzten alle in Staunen, und keiner zweifelte daran, dass sie allein seiner Phantasie entsprungen waren, denn er war ein bekannter Lügner und ein hervorragender Redner mit einer Stimme voll Wärme und Männlichkeit. Mit der Zeit hatte er Ansehen in der ganzen Gegend gewonnen und war überall bekannt. Am besten von allen kannte ihn sein älterer Bruder Rammo, der ebenfalls die abendlichen Versammlungen besuchte. Doch während er in der hintersten Ecke bei den Hirten und Bediensteten Platz nehmen musste, saß Hisso ganz vorne beim Agha, bekam als erster das Essen angeboten und durfte als erster seine Gedanken zu einer Problemlösung darlegen.

Wenn es Probleme außerhalb des Dorfes gab, ging Hisso mit den Notablen dorthin, als sei er einer von ihnen, um das Problem zu lösen, während Rammo als Dummkopf galt, der nichts verstand. Des Öfteren bediente sich der Agha seiner als Diener. So beschloss Rammo eines Tages, sich eine Lügengeschichte wie die seines jüngeren Bruders auszudenken, damit auch er Ansehen im Dorf gewann.

Am Abend behauptete Rammo, gerade gestern sei ihm eine wunderliche Geschichte passiert. Die Anwesenden spöttelten, bis der Agha ihn aufforderte, seine Geschichte zu erzählen. Er sagte, er habe das Gebell der Hunde im Himmel gehört. Da lachten ihn alle aus und nannten ihn einen verrückten Lügner und ein Großmaul.

Als Hisso sah, dass sein Bruder in der Klemme saß, kam er ihm unverzüglich zur Hilfe und sprach: „Liebe Leute, was ist denn daran so erstaunlich, die Hunde im Himmel bellen zu hören? Vielleicht hat ja ein Raubvogel einen Hundewelpen erjagt und ist mit ihm in den Himmel aufgestiegen. Und dort im Himmel hat dann der Welpe angefangen, vor Schmerz zu jaulen." Alle verstummten überrascht und meinten: „Tatsächlich, das klingt sehr plausibel." Beim gemeinsamen Heimweg sagte Hisso zu seinem Bruder: „Rammo, jeder von uns ist in einer anderen Sache gut. Das Lügen ist nicht deine, sondern meine Kompetenz, also überlass das bitte in Zukunft mir."

Armselige Träume

Der Staub, die Fliegen, die stechende Sonne, Schlangen und Skorpione – das alles machte uns nichts aus, auch nicht das unreine Wasser. Wir kamen nie in den Genuss, die schönen Städte in der Ferne, die sauberen Häuser und prächtigen Betten zu sehen.

In den letzten Herbsttagen malten wir unsere Träume mit den Fingern in den feinen Staub, den die Autos der reichen Bauern hinterlassen hatten ... Mehl, Bulgur, Schulhefte, Öl, Makkaroni, Reis, Tee, Kopfschmerztabletten, Pillen gegen Magenprobleme, und Zäpfchen für irgendwelche Wehwehchen der Kinder, viel Tabak aus Hama und Zigarettenblättchen der Marke „Damaskus".

Unsere Träume waren bescheiden: jeden Sommer die Motoren der grünen John-Deere-Mähdrescher auf den Weizenfeldern zu hören und die Flughühner zu beobachten, die oben am Himmel kreisten.

Eine ängstliche Statue

Neben dem Gebäude des Militärgeheimdienstes und der Sain-al-Abidin-Moschee, der Cafeteria al-Mau'id und der Syrischen Handelsbank, einem alten Bahnhof für Brennstoffe und der Post, inmitten des wichtigsten Verkehrsknotenpunktes in Qamischli, steht eine ängstliche Statue von Hafiz al-Assad. Jedes Mal, wenn einer vorbeiläuft, versteckt sie den Kopf zwischen den Händen und schließt die Augen, um nicht zu sehen, was ringsherum passiert.

Die Bilder von Hafiz, Basil und Baschar Al-Assad und von Hassan Nasrallah sind verschwunden, ebenso die Sprüche über Reform und Erneuerung und die altbekannte Floskel „Die Kurden in Syrien sind ein grundlegender Bestandteil des syrischen Volkes", ein Zitat aus einem Interview von Baschar al-Assad mit dem Sender Al-Jazeera nach dem Aufstand in Qamischli im Jahr 2004.

Verschwunden sind die Sicherheitspatrouillen und die Peugeot-Kombis ebenso wie der Spruch, den man früher oft auf den Straßen hörte: „Du weißt wohl nicht, wen du vor dir hast, du Hundesohn, pass bloß auf!" Man hört auch nicht mehr die vielen Autos, die tag-täglich zu Dutzenden in den Trakt der militärischen Sicherheit, der Staatssicherheit oder der politischen Sicherheit hineinfuhren.

Jetzt flattern neue Flaggen im Wind und neue Bilder bedecken die Wände der Häuser und Geschäfte. Kurdische Flaggen und Bildnisse von Abdallah Öcalan, dem kurdischen Anführer, der im Imrali-Gefängnis gefangen gehalten wird und geistiger Vater der Partei der Demokratischen Union ist, die Qamischli und ausgedehnte Gebiete der Provinz Hasaka beherrscht.

Noch ist die Art der Beziehungen zwischen den kurdischen Führern und den Parteien in ihrem Einflussbereich nicht ganz klar. So patrouillieren die Asayisch, die zum Sicherheitsdienst der Partei der Demokratischen Union gehören, am Flughafen von Qamischli, wo sich das Internierungslager des Geheimdienstes der syrischen Luftwaffe befindet. Der Mann, der dort an der Schranke steht, erwidert den Gruß der kurdischen Patrouille aufs Allernetteste. In Amude gibt es gemeinsame Patrouillen der Asayisch mit den islamistischen Mudschahedin auf Autos mit riesigen Maschinengewehren zur Luftabwehr, über denen schwarze Flaggen flattern. Keiner weiß genau, zu wem sie gehören, doch die weißen Wörter in der Mitte des Banners, Gott ist groß, sind für alle deutlich sichtbar.

Zwischen Amude und Qamischli verläuft ein alter Asphaltweg voller Straßenschwellen, an dem entlang sich kurdische und arabische Dörfer erstrecken, die früher einmal Modellcharakter hatten. Sie wurden im Eiltempo als Teil des „Arabischen Gürtels" erbaut, um die Kurden in Syrien von denen in der Türkei zu isolieren und eine demografische Barriere zwischen Kurdistan in der Türkei und den kurdischen Gebieten in der Dschasira-Region zu errichten. Auch das war eine Erfindung der Baath-Partei unter der Ägide von Hafiz al-Assad. Man erkennt es an den identischen Betonhäusern, den Flaggen der Baath-Partei und den Bildnissen des „Genossen Führers", verblasst durch langjährige Vernachlässigung. Fenster, die auf Fenster hinausgehen, verrammelte Türen und überall Fremde. Kurden, die außer dem Beduinendialekt kein Arabisch sprechen und das Brot aus dem Sadsch-Ofen lieben, und Beduinen, die Kurdisch mit arabischem Akzent sprechen und kurdischen Tabak bevorzugen, der aus Mardin geschmuggelt wurde.

Es gibt Sorgen, Angst und böse Vorahnungen. Keiner kann die Zukunft vorhersagen. Die Dinge sind unklar. Klar ist nur, dass die ängstliche Statue mitten in Qamischli bald stürzen wird. Keiner weiß, wie. Vielleicht aus Angst oder Langeweile, wenn alle anderen Statuen gefallen sind, oder durch den Schlag eines Demonstranten.

Wenn das kurdische Kind sein Dorf verlässt

Als Kind kümmerte es mich nicht, dass ich Kurde bin, denn die meisten in Karssor waren Kurden. Doch als ich nach Qamischli zog, wurde es mir bewusst. Dort ging ich auf das Talai'-Gymnasium, das im Osten der Stadt lag. Der Schuldirektor war Hassan Hamandy, ein Baathist, der aus für uns unerklärlichen Gründen mit Schlägen über uns herfiel. So saß ich zum Beispiel einmal im Schulhof, als er mich fragte, was ich da mache. Und schon gab es eine gewaltige Ohrfeige und Schläge, schlimmer als die Tritte eines Esels, auf meinen Hintern. Ich rannte ins Klassenzimmer und versteckte mich dort unter dem Tisch.

Ich dachte, es sei die Aufgabe eines Direktors, die Schüler zu schlagen, und zwar alle, ohne zwischen Arabern und Kurden zu unterscheiden. Die meisten Schüler waren Araber aus dem Stamm der Ghamar, zu dem auch der Rektor gehörte.

Doch nach einer Weile fand ich heraus, dass er die arabischen Schüler nicht schlug.

Einmal sagte mir mein Mitschüler Dschawan, als wir das Klassenzimmer betraten: „Nach dem Unterricht gehen wir in Badna angeln." Das war eine waldige Gegend zwischen der türkischen und der syrischen Grenze in der Nähe von Nusaybin bei Qamischli. „Ridor, Eliyas und ich. Willst du mitkommen?"

„Natürlich, …" Ich hatte den Satz noch nicht beendet, da prasselte es schon Ohrfeigen.

Hasan Hamandy fiel mit Schlägen und Tritten über Dschawan her: „Tausendmal habe ich dir schon gesagt, dass ihr nicht in dieser dreckigen Sprache reden sollt!"

Bevor der Rektor auch über mich wie ein tollwütiger Hund herfallen konnte, floh ich, sprang über die Schulmauer und lief heim.

Als ich meinem Onkel davon erzählte, sagte er:

„Das ist halt ein ekliger, dummer und rassistischer Baathist, der die Kurden hasst."

„Aber warum hasst er uns, Onkel?"

„Das wirst du schon erfahren, wenn du größer bist."

Doch weil ich addieren und subtrahieren, multiplizieren und dividieren kann, erkannte ich schon an diesem Tag den Grund: Rassismus.

Eine völlig moderne Art des Verhörs

Jahre später, als ich einmal Qamischli besuchte, tauchte ein Mitarbeiter der Staatssicherheit an meinem Tisch im Lokal „Damaskus" auf, in dem ich mich gerade mit meinem Onkel Abd al-Madschid aufhielt. Er war erstaunt, dass eine Flasche Arrak auf dem Tisch stand und ich schon halb betrunken das kurdische Lied „Aischana Ali" sang.

„Nehmen Sie doch Platz", luden wir ihn ein. Er setzte sich zu uns und schenkte sich ein Glas ein, während der Kellner mit langsamen Schritten an unseren Tisch kam, als hätte er sofort erkannt, dass der Mann von der Staatssicherheit war. „Gegrilltes Hähnchen mit ein paar

Beilagen und Eiswürfel. Bring auch neue Vorspeisen und Gläser!", herrschte ihn der Geheimdienstler dreist an, als sei er der Gastgeber und nicht der ungebetene Gast, der mir die Laune verdarb.

Er traute seinen Augen nicht, als er sah, dass ich Arrak trank, und hielt es für einen Versuch, der Anklage zu entkommen. Einer von ihnen hatte nämlich in einem Bericht über mich Folgendes geschrieben: Alan Sido hegt islamistische Tendenzen, er zwingt seine Frau zum Kopftuch (dabei war ich noch gar nicht verheiratet) und sympathisiert mit den Teufelsbrüdern (damit meinte er die verbotene Partei der Muslimbrüder).

Aus diesem Grund verhörte mich der Geheimdienstler auf eine völlig neue Art und Weise, die zur Ära von Hafiz al-Assad passte, der in den Städten alle Wände mit dem Slogan „Ja zum Fortschritt und zum Sozialismus!" beschriften ließ.

Er fragte mich: „Wie viele Sorten Arrak hast du schon probiert?"

Ich erwiderte: „Rayyan, das ist meiner Meinung nach der Beste, Batta, und Muthallath spezial, aber von dem habe ich nur gehört und ihn bisher nicht gekostet. Dann noch den türkischen Raki, aber den gibt's momentan nicht auf dem Markt."

Er fragte weiter: „Wie viele andere Sorten Alkohol hast du schon getrunken?"

Ich zählte auf: „Whiskey, die Besten sind der schottische Red Label und Black Label, das ist was für Reiche, Ärzte und die Bourgeoisie. Der einheimische ist gepanscht und fade, aber ganz okay.

Dann Wodka, da habe ich russischen, polnischen, türkischen und einheimischen getrunken, aber der einheimische ist auch gepanscht.

Brandy, der syrische ist eklig und schmeckt nach Kerosin. Dann noch Gin, und vergessen wir auch den Wein nicht, am liebsten Rotwein, der im Winter viel getrunken wird, und gekühlten Weißwein im Sommer oder zu Fisch, Garnelen und Krebs.

Natürlich auch Bier, davon gibt's ja viele Sorten. Ich persönlich trinke am liebsten das syrische Bier, um die einheimische Industrie zu unterstützen."

Nach dem Verhör bestellte ich noch eine weitere Flasche Arrak, ein Kilo Kebab und armenischen Salat (bei dem das Kraut ganz fein gehobelt, mit geraspelten Karotten und gehackter grüner Minze vermischt und mit Olivenöl, Zitronensaft und Salz angemacht wird).

Nachdem der Geheimdienstler eine Riesenportion Kebab und Arrak verschlungen hatte, brach er in Tränen aus, denn die Erinnerung an seine Geliebte war in ihm hochgekommen, die einen um volle 50 Jahre älteren Saudi geheiratet hatte.

Aleppo

Als ich sie erblickte, nahm ich mein Herz in die Hand und rannte ihr, die ruhig daher schritt, hinterher. Ermüdet von der Liebe und der Rennerei versteckte ich mich hinter den Jujubebäumen, den Flügeln der Spatzen, den Wolken und den Lilien. Ich hörte in der Ferne Pferdegetrappel, Säbelrasseln und Liebesgeschichten, die in der Luft zerstoben.

Doch als ich die Augen öffnete, sah ich nichts. Ich saß auf einem Holzstuhl im Park von Aleppo, aus dem Schlummer gerissen durch den vertrauten Duft einer vorbeigehenden Frau, der die Luft erfüllte. Wann war sie hier gewesen? Ich weiß es nicht.

Eine Patrouille

Während des Studiums bewohnte ich mit meinem Freund eine kleine Wohnung im Scheich-Maqsud-Viertel, einem kurdischen Viertel in Aleppo, wenige Meter von einem Truppenübungsplatz entfernt. Wir hielten ihn für einen Übungsplatz, wo die Bürger im Gebrauch leichter Waffen trainiert würden. Ich sah weder Soldaten noch leere Patronenhülsen oder Feinde. Von den Nachbarn erfuhr ich, dass die Studenten der Wirtschafts- und Handelsfakultät dort während der universitären Militärausbildung trainierten.

Die Patrouille der Politischen Sicherheit, die sich jeden Tag am Kreisverkehr in der Nähe unseres Hauses versammelte, war damit beschäftigt, die Hinterteile der Frauen zu betrachten, besonders die der verschleierten Frauen.

Eines Tages bat mich einer dieser Leute um eine Zigarette. Etwas aufgeregt kramte ich nach der Schachtel, denn ich hatte in meiner kleinen Ledertasche ein Pamphlet der verbotenen Kommunistischen Arbeiterpartei dabei, die den Sturz des syrischen Regimes anstrebte.

Der Kerl klopfte mir auf die Schulter und flüsterte: „Die Frau in der Wohnung gegenüber von deinem Haus, Mensch, die hat so eine sexy Figur, Wahnsinn!" Dabei stieß er den Rauch seiner Zigarette in die Luft, und ich atmete beim Weggehen erleichtert auf.

Aus Trauer um Basil al-Assad

Ich leistete meinen Militärdienst bei der Kriminalpolizei ab. Eines Tages schickte uns der Leiter unserer Zweigstelle zu Umm Imad, Eigentümerin des größten Bordells in Homs, um sie in sein Büro zu bringen. Sie war in der Stadt genauso bekannt wie Hafiz al-Assad. Das Ganze ereignete sich ungefähr einen Monat, nachdem Hafiz al-Assads Sohn Basil bei einem Autounfall auf dem Weg zum Flughafen in Damaskus tödlich verunglückt war.

Der Adjutant hämmerte mit der Faust an die Tür. Ein hübsches junges Mädchen in hautfarbenen engen Leggings öffnete. Im ersten Augenblick dachte ich, sie sei nackt.

Der Adjutant sagte: „Kleine, ruf mal die Dame des Hauses her", und wandte seinen Blick von ihren schwellenden Brüsten in der offenen Bluse ab.

Das Mädchen verschwand und Umm Imad erschien: „Was wollt ihr, ihr Zuhälter?", fragte sie ohne lange Vorrede. Über ihrer linken Brust bemerkte ich eine Tätowierung, ein Bild von Basil al-Assad. Der Feldwebel entgegnete verwirrt: „Wären Sie bitte so nett mitzukommen, Umm Imad, der Oberst lädt Sie zu einer Tasse Kaffee ein ..."

Sie trat näher an ihn heran und legte ihm die Hand auf die Wange: „Allerbesten Dank! Wie schön, mein Lieber, aber mir wäre lieber, dass du dich zu mir ins Bett legst! Geh und richte deinem Oberst Folgendes aus: Wir haben mit dem Vögeln aufgehört, aus Trauer um den verstorbenen Helden Basil al-Assad. Er soll mich mit seinem Patriotismus am Arsch lecken."

Diese Geschichte ist im Syrien von Hafiz al-Assad passiert.

Walentina

Wegen Walentina nahm ich an Dutzenden von langweiligen Parteiversammlungen teil und jubelte Chalid Bakdasch zu, während ich doch eigentlich Mustafa Barzani lieber mochte. Ich applaudierte dem Kampf des Proletariats gegen die Bourgeoisie, obwohl mein bourgeoiser Onkel der Hauptgrund dafür war, dass ich am Leben blieb und mein Studium abschloss. Außerdem machte ich Spenden für die Proletarierpartei, als mein Onkel mich monatlich unterstützte.

Die attraktive Genossin Walentina, die enge Jeans und durchsichtige Blusen trug, die mehr von ihrem Körper enthüllten als verdeckten, war die Tochter des Lastenträgers Kurdi Usman, der als Wächter im Haus des Anführers der syrischen KP, Chalid Bakdasch, arbeitete. Er hatte sie nach der ersten russischen Kosmonautin Walentina Tereschkowa benannt, um zu beweisen, dass er ein richtiger Kommunist war, genauso echt wie die Russen.

Während dieser Parteisitzungen wollte jeder Genosse möglichst nah bei Walentina sitzen oder zumindest an einem Platz, von dem aus er sie gut sehen, ihre Haare und ihren Körper betrachten und so viel von ihrem Parfüm wie möglich einatmen konnte.

Ich erinnere mich, dass mein Onkel mir einmal sagte: „Junge, du solltest dich schämen, die Bourgeoisie zu verdammen!" Sein Verständnis von Bourgeoisie bestand in einem Haus aus Beton mit Klimaanlage im Gharbiya-Viertel von Qamischli, einem Mazda Pick-Up, einer Herde mit 150 Schafen und dem langgehegten Wunsch, eine Frau zu heiraten, die nach Parfüm und nicht wie seine Ehefrau nach Zwiebeln roch.

Eines Tages berief Chalid Bakdasch eine Notfall-sitzung des Zentralkomitees der syrischen KP ein. Ein Mitglied tauchte jedoch nicht auf, weil er in einem Nachtclub durchgemacht und den Termin vergessen hatte. Da schlug Chalid Bakdasch den Versammelten vor, die Position des abwesenden Mitglieds seinem Wächter Usman zu geben, dem Vater von Walentina, da dieser loyal und ein großer Kämpfer sei, der uner-müdlich im Dienst der Partei stünde, keine Geheimnisse verrate „und während der Bewachung meines Hauses, des Hauses der Partei und des Kampfes, nie schläft! Er ist das genaue Gegenteil von einigen Schwätzern, die Unruhe mit der Staatsmacht stiften wollen! Auch wenn sie einige unserer Genossen verhaftet hat, stehen wir über diesen kleinen Meinungsverschiedenheiten und wenden uns gemeinsam mit Präsident Hafiz al-Assad den großen Widersprüchen und Konflikten mit dem Kolonialismus zu und kämpfen mit ihm zusammen gegen den globalen Imperialismus!"

Ein Blatt Papier

Mitten auf der Strecke von Karssor nach Qamischli ging
Husseinus Auto kaputt, und wir mussten zu Fuß zurück-
laufen.

Meine Mutter hatte mir aufgetragen, Lorbeerseife,
Zucker, schwarzen Tee, Salz und Hustensaft für meine
kleine Schwester Aischana zu besorgen.

Ich hatte mir alles auf einem linierten Blatt notiert,
das ich aus einem alten Schulheft herausgerissen hatte,
auf dessen Umschlag „Alan Sido, 4. Klasse, Schule in
Karssor" stand.

Der Zettel flog davon, als wir dem Ziegenbock hinter-
herrannten, der vom Wagen gesprungen war und zu
den Weizenfeldern zwischen Naqara und Tell Faris lief.

Die ganze Zeit überlegte ich
ob Träume das Leben leichter machen
damit wir nicht so schnell ermüden.

Dschalila

Ramsan war bekannt für seine Leidenschaft für Malerei
und den Bau schöner Lehmhäuser, und tatsächlich be-
zeugen die Häuser, die er in Karssor errichtete, dieses
Talent.

Fenster und Türen, die ihresgleichen suchen, kleine
Zimmer für die Kinder, große für die Gäste und geheime
Kammern für den aus dem türkischen Kurdistan ge-
schmuggelten Tabak.

Plötzlich hörte er mit allem auf, mit der Malerei, der
Dekoration, den Türen und Fenstern, den großen und

kleinen Häusern. Er ärgerte sich über den Wind und die Bäume, die Spatzen und Scharen von Flughühnern. Niemand bekam ihn mehr zu Gesicht, denn er verließ sein Haus nicht mehr. Man munkelte, er sei verrückt geworden.

Eines Nachts nun nahm er seine schöne Ehefrau Dschalila und pflanzte sie auf seinem kleinen Grundstück zwischen Aly Farru und Kutiya in die Erde ein. Er meinte: „Ich will, dass sie im nächsten Frühling wie ein Pfirsichbaum im Taurus-Gebirge erblüht und die Dörfer mit dem Duft ihres Körpers beschirmt. Sie soll der Erde eine Lektion in der Liebe erteilen und für die Vorbeikommenden singen, die niemand erwartet."

Er konnte nicht verstehen, warum die Polizei ihn unter dem Verdacht des Mordes an seiner Frau festnahm.

Eine Feder

Wenn mein Vater seine Schlingen anfertigte, achtete er stets darauf, reinen Baumwollfaden zu kaufen, den er dann mit Kerzenwachs und Honig einfettete, damit er haltbar und glatt war. Aus breitem Nylonfaden machte er kleine Netze, damit der Falke seine Krallen nicht verletzte.

Abends zündete er sich eine Zigarette an und erzählte uns Geschichten von seinem weißen Falken, von den Träumen, die stets in weiter Ferne waren, wie der Falke, der niemals kommen würde ...

Manchmal fand ich eine Feder im Bett meines Vaters und gelegentlich hörte ich schwere Flügelschläge in seinem Zimmer.

Besuchte der Falke meinen Vater nachts?
Versuchte mein Vater zu fliegen?
Vielleicht ...

Der Tod

Mein Onkel Ramsan starb mit noch nicht einmal 40
Jahren. Er starb, obwohl er nicht krank war. Mein Vater
blieb allein zurück.

Unsere Beziehung zum Tod war mehr oder weniger
normal. Selten starb einer aus der Familie so plötzlich
und noch so jung. Aber auf die Zeit ist kein Verlass. In
den letzten Jahren wurde unsere Einstellung zum Tod
stark durcheinandergebracht, als Ibrahimko, der älteste
Sohn meines Onkels, im Alter von fünf Jahren starb.
Mein Onkel lief auf die Berge zu, und wenn ihn jemand
fragte, sagte er: „Ibrahimko ist in den Fängen eines
Raubtieres. Ich muss ihn retten!"

Dabei reckte er seinen kurdischen Dolch in die Luft.
Mein Onkel wurde ein anderer Mensch, der keinen von
uns mehr kannte. Er vergaß alles, selbst den Rückweg
nach Hause.

Er lief, bis er müde wurde, und legte sich dann
weinend auf die Erde. Wir suchten nach ihm, jeder von
uns schwärmte in eine andere Richtung aus, hinter die
Häuser, in die Ebene und die Berge. Wir fanden den
Weg zu ihm über den Weg der Tränen, einen Weg voll
kleiner roter Blumen in den weiten grünen Weizenfeldern. Seine Tränen strömten wie in einem Sommer-
gewitter, und immer wenn eine heruntertropfte, erblühte dort eine Blume.

Mein Onkel heulte wie ein Wolf, bis er vor Erschöpfung, Hunger und Durst in den Ebenen von Birabazen starb.

Staub

Feiner Staub, von den Mähmaschinen nach der Erntesaison zurückgelassen, bedeckte die Wege.
Chevrolet Silverados, Toyotas und ein einziger Lada. Den hatte uns Genosse Lenin hinterlassen, damit die Zeitung „Der Weg des Volkes" verteilt werden konnte. Die syrische kommunistische Partei gab sie für die armen Leute heraus, die vom Marxismus nur die rote Farbe kannten.
Weil wir arm waren und kein Papier zum Malen
    besaßen,
    zeichneten wir unsere Träume in den feinen Staub.
Wir malten eine Stadt und betrachteten ihre schönen
    jungen Frauen.
Wir malten Häuser und verschlossen die Türen.
Wir malten Autos und hörten das Dröhnen ihrer
    Motoren.
Wir malten eine schöne Frau mit langen Haaren
    und engem Rock, und wenn sie schlief,
    streckten wir uns neben ihr aus und lauschten ihrem
    Atem.
Und bevor sie aufwachte,
    liefen wir zwischen die Lehmhäuser,
    damit sie uns nicht sah.

Aram

Ich kannte Armenien durch das kurdische Programm von Radio Jerewan, die Lieder von Aram Dikran und die Gesichter der kleinen Kinder während der Sonntagsmesse in der armenischen Kirche in Qamischli.

Ich kannte Armenien durch meine kleine Schwester Haistan, die mein Vater wegen seiner großen Liebe zu Armenien so genannt hatte.

Ich kannte Armenien durch den Völkermord an den Armeniern, von dem mir meine Großmutter Kudschari weinend erzählt hatte. Doch sie starb, bevor sie mir die ganze Geschichte zu Ende erzählen konnte.

Ich lernte Armenien in Qamischli, Aleppo, Damaskus, Beirut und Amsterdam kennen ...

... und in Erbil.

Ich lernte Armenien durch meinen Freund Bughus im Schlosscafé kennen. Er hob den Kopf, stieß den Rauch in die Luft und sagte in seinem gebrochenen Arabisch zu mir: „Du bist viel schlau! Kennst unseren König Tigran, die ist ja viel toll.“

Meine Großmutter

Im Exil denke ich oft daran, wie ich mit meiner Großmutter zusammen das besorgte, was die Familie brauchte. Wenn wir ein Stückchen von Karssor weg waren, half ich ihr auf den Esel, denn vor uns lag ein weiter Weg durch Naif nach Sahramka. Dort kauften wir unseren monatlichen Bedarf ein, Zucker, Reis, Tee und

Tabak aus Hama, den meine Großmutter zu Zigaretten rollte, die viel schöner aussahen als gekaufte.

Meine Großmutter Subhija stammte aus Muschairafa am Rand von Hasaka und kam als kleines Mädchen mit ihrer Familie nach Karssor. Warum Karssor? Meine Großmutter erklärte mir das so: „Als mein Onkel einen Mann im Dorf umbrachte, flohen wir nach Karssor, meine Eltern, meine Schwester Farha und ich. Meine Schwester Wadha war schon verheiratet und lebte in einem entfernten Dorf. Wir standen unter dem Schutz des kurdischen Agha Hasaku, der für seine Anständigkeit bekannt war. Er schenkte meinem Vater ein kleines Stück Land, so dass wir von dem leben konnten, was es abwarf."

„Das ist der Großmut einer Gastfreundschaft, die man in keinem Buch findet", ergänzte mein Vater.

Meine Großmutter zündete sich eine zweite Zigarette an und schaute einer Schar weißer Tauben zu, die am blauen Himmel kreisten: „Ich lernte Kurdisch und begegnete deinem Großvater Naifku auf der Hochzeit von Ismat, dem Sohn des Agha." Sie wischte sich eine Träne weg im Gedenken an ihren Sohn, meinen Onkel Hussein, der ersten Frucht ihrer Liebe, der einen Monat nach seiner Geburt starb.

Als wir nach Naif gelangten, erwartete uns bereits Schiru, die Frau des blinden Saidu, mit kaltem Wasser. Meine Großmutter bot ihr eine Zigarette an und zündete sie für Schiru an, dann setzten wir unseren Weg nach Sahramka fort, wo der Ladenbesitzer Ali schon auf uns wartete.

Qaudsch

Ich erinnere mich an den Müller Qaudsch, der seine Mühle zwischen Weinreben und Melonenfeldern in den Hügeln von Tubs und Kutiya verließ, um in eine große, weit entfernte Stadt zu ziehen, deren Namen keiner kennt.

Neben dem riesigen Mahlwerk Made in Germany gab es in einem kleinen Raum, der auf die Quelle hinausging, eine kleine steinerne Marienstatuette. Nachdem Qaudsch und seine Familie weggezogen waren, überwachte ein kurdischer Müller den Mühlenbetrieb. Wenn er zum Rauchen seiner langen Zigaretten der Marke Hamra hinausging, betrachteten wir das saubere Lehmhaus, das auf die Kinder von Qaudsch wartete, die nach Australien oder Kanada ausgewandert waren.

Dort in der Mühle gab es auch einen töpfernen Krug, der nach Wein und alten Liedern roch.

Am frühen Morgen trug der Müller die Weizensäcke in die Mühle, die die grünen John-Deere-Mähdrescher hinterlassen hatten, während Hunderte von weißen Karnickeln in den Wassermelonenfeldern umherrannten und sich zwischen den Sonnenblumen versteckten.

Wenn der kurdische Müller allein war, sprach er mit unsichtbaren Wesen, die ihm interessiert lauschten, auf Aramäisch, das mit kurdischen und armenischen Worten versetzt war. Es war eine Sprache, die er von erhabenen Völkern erlernt hatte, die den Weizen dieses Landes aßen und dann wie Vögel in fremde Länder zogen. Uns müssen Flügel wachsen, damit wir zu ihnen fliegen können.

Am Tag, als der Ziegenbock starb

Der Ziegenbock starb. Als meine Mutter in den Stall trat, lag er bereits im Sterben. Sie lief weg, um das Messer zu holen, doch im letzten Moment besann sie sich eines besseren. Der Bock war ein Familienmitglied, das wir alle liebten. Er kam zu uns ins Wohnzimmer, und wenn er Hunger hatte, nahm er sich das Stückchen Brot, das meine Mutter für ihn neben der Tür hingelegt hatte, und lief damit in die Ebenen zwischen Karssor und Birabazen. Meine Mutter überlegte es sich also anders und brach in heftiges Schluchzen aus. Als sie in den Stall zurückkam, war er schon tot.

Sie schrie: „Hawaaari!" (Das ist kurdisch für „Hilfe!"). Man erzählt sich, dass der Priester im Hunderte von Kilometern entfernten Mardin vor dem Kirchentor diesen Schrei vernahm. Er wusste sofort, dass in einem weit entfernten kurdischen Dorf eine liebe Person gestorben war, und brach unter dem Bild der Jungfrau Maria in Tränen aus.

Ein Zicklein

Das kleine Zicklein, das ich so sehr liebte, starb.

Wenn wir im Esszimmer aßen, kam es herein und stibitzte ein ganzes Fladenbrot. Dann lief es gemächlich davon, und nachts bummelte es im Haus herum und legte sich dann ans andere Ende meines Bettes schlafen.

Oft rannte es mir in die Wassermelonenfelder nach. Das kleine Zicklein, das ich so sehr liebte, starb plötzlich.

Damals hasste ich den Tod zum ersten Mal.

Ein assyrischer Krieger

Auf dem Heimweg von Aleppo hielt der Bus in Tell Tamr. Die Sonne schien ruhig auf die alten Kirchen in den assyrischen Dörfern. Ich weiß nicht, warum ich den assyrischen Krieger erwartete, der – in der Hand den Bogen und über die Schulter seinen Köcher mit den Pfeilen – in den Weinbergen, die sich am Ufer des Chabur entlang erstreckten, einer Gazelle hinterherrannte. Bis jetzt warte ich auf diesen Krieger in einem steinernen Wagen, der hoch über uns zu unseren sehnsüchtigen Träumen fliegt.

Lebenslauf

Ich liebe die Lehmhäuser, den Schlamm, den Regen,
   die staubigen Straßen und alten Chevrolets.
     Die Stimmen der Hirten und der Schafherden und
       das Heulen der Wölfe.
     Ich liebe die, die
     auf den Bahnhöfen,
     vor der Passbehörde,
     vor dem Nationalkrankenhaus,
     vor der Einberufungsstelle in Qamischli warten.
     Ich liebe die Plastiktüten, die in Qamischlis Straßen
       umherfliegen.
     Ich liebe dieses kleine Kind, das in den Straßen von
       Karssor umherrannte und dann in mütterlicher
       Umarmung einschlief ...
     und als es erwachte, fand es sich einsam und
       erwachsen in Amsterdam wieder.

Ihr Haus

Ihr Haus befand sich in der Nähe des öffentlichen Parks. Im Sommer saß sie auf einem Holzstuhl im kleinen Gärtchen des Hauses. Ich hörte ihr Lachen und das Rascheln ihrer dünnen weißen Bluse. Ich war niedergeschmettert, verstreut auf dem Boden wie Glassplitter eines Bildes. Mein Herz fiel herab zwischen den Parkbäumen. Ich nahm es in die Hand und legte es kurz hinter der Lunge in den Käfig meiner Brust, legte mein rechtes Auge an die Stelle des linken und das linke an die Stelle des rechten. Ich nahm all meinen Mut zusammen und ging in die Seitenstraße, die an ihrem kleinen Garten vorbeiführte. Ich vernahm seltsame Geräusche. Alle Bäume von Qamischli liefen hinter mir her.

Raschad

Ghasala rief: „Raschaaad, mein Liebling!"

„Mama", antwortete Raschad.

Ghasala stand am Pick-Up von Husseinu, ihrem zweiten Ehemann, der sich nach einiger Zeit trotz ihrer einnehmenden Schönheit von ihr hatte scheiden lassen. Obwohl sie etwas später ihr linkes Auge verlor, wurde sie nach wie vor die Schönste der Schönen genannt. Sie legte sehr viel Wert auf Eleganz und wählte die Farben ihrer bestickten kurdischen Kleider mit äußerster Sorgfalt und mit der Perfektion eines Juweliers aus.

Vor Husseinu war sie mit einem Araber verheiratet gewesen, von dem sie ihren einzigen Sohn Raschad hatte. Der hatte seinen Vater verlassen und wollte lieber bei der Mutter leben.

Der Stamm und die Familie seines Vaters hatten sich von ihm losgesagt und so lebte er mit seiner Mutter in Karssor. Er wurde einer von uns, trotz der Gerüchte, er sei ein Baathist. Der Arme – die Kurden behandelten ihn als Araber und die Araber sahen in ihm einen Kurden. Man verdächtigte ihn, Berichte für den Sicherheitsapparat zu schreiben, für den Gouverneur zu spionieren oder ein Bild des von Hafiz al-Assad verhassten Saddam Hussein im Schlafzimmer hängen zu haben, wo es keiner sah.

Er blieb mir ein treuer Freund, den ich alles fragen konnte, was einem Jugendlichen so durch den Kopf ging. Ich fragte ihn nach den arabischen Mädchen und ihren Flatterkleidern und ob es stimme, dass sie keine Unterhosen trügen; oder dass die Beduinen mit dem Vieh unter einem Dach schliefen. Ich erkundigte mich bei ihm nach Abbas al-Dschabburi, der versucht hatte, die kurdischen Dörfer zwischen Qamischli und Hasaka einzunehmen, und den der kurdische Agha Hasaku, der Agha von Karssor, getötet hatte.

Am besten aber war, dass er mir das Rauchen beibrachte. Er brachte heimlich Zigaretten der Marke Ghazi mit, die wir zusammen rauchten. Er sang und ich klatschte begeistert dazu und gab mit dem Rauch an, der das Haus erfüllte und in Schwaden über unseren Köpfen schwebte.

Das Rebhuhn

In Manama, der Hauptstadt Bahrains, entdeckte ich auf dem Vogelmarkt ein Rebhuhn, das neben dem indischen Verkäufer ganz allein in seinem Käfig saß.

Der kurdische Anführer Mulla Mustafa Barzani hatte einmal auf die Frage eines Journalisten nach den Grenzen von Kurdistan geantwortet: „Kurdistan ist überall, wo das Rebhuhn lebt und fliegt."

Dieser Vogel lebt zumeist in den unzugänglichen kurdischen Bergen in den Grenzregionen zwischen dem Irak und der Türkei. Ich war drauf und dran, dem Verkäufer von der besonderen Beziehung zwischen dem Rebhuhn und den Kurden zu erzählen, da sah ich, wie der Vogel mich anschaute, als kenne er mich.

Ich kaufte ihn und ließ ihn fliegen. Er schwebte hoch in die Lüfte auf die Berge Kurdistans zu.

An einem kalten Wintertag kam unsere alte Nachbarin zu Besuch. Nachdem sie die Hände an einem Glas heißen Tees gewärmt hatte, bat meine Mutter sie, uns eine Geschichte zu erzählen. So begann sie zu erzählen:

Die Geschichte von Habb Hanar

Vor langer Zeit lebte einmal der Agha Sarabest in einem der kurdischen Dörfer. Er war edel, mutig und hatte ein gutes Herz. Gott hatte ihm großen Reichtum beschert, Ländereien und eine gute Ehefrau sowie acht Söhne. Tief in seinem Herzen wünschte sich der Agha aber eine Tochter, die sich im Alter um ihn und seine

Frau kümmern würde. Und der Traum erfüllte sich: Seine Frau gebar ihm eine Tochter, die er Habb Hanar, Granatapfelkern, nannte, denn viele glauben, der Granatapfel sei eine Frucht aus dem Paradies.

Das Schicksal wollte es jedoch, dass seine Frau bei der Geburt starb. Der Agha war untröstlich und das ganze Dorf trauerte mit ihm. Doch die süße Kleine ersetzte ihm den Verlust seiner Frau ein wenig. Er liebte sie von ganzem Herzen und verwöhnte sie, und ebenso verwöhnten sie ihre Brüder, so dass sie keinen Wunsch zweimal äußern musste.

Die Brüder reiften zu Männern heran und es kam die Zeit, da sie eine Frau und eine eigene Familie wollten. Doch sie schämten sich vor ihrem Vater und verlangten von ihrer Schwester, ihn über ihren Wunsch in Kenntnis zu setzen, denn er führte alles, was sie von ihm verlangte, sofort und ohne zu zögern aus.

Der Vater war darüber höchst erfreut und hielt für seine Söhne um die Töchter der anderen Aghas an. Dabei war die wichtigste Bedingung, dass Habb Hanar ihre Zustimmung zu den Bräuten gab. So wählten der Vater und seine Tochter die acht Bräute aus. Dann vermählte der Vater all seine Söhne am selben Tag, und die Feiern und Gastmahle dauerten sieben Tage lang. Der Agha liebte die Ehefrauen seiner Söhne, behandelte sie allesamt gut und fand an ihnen seinen Wohlgefallen, denn nun hatte er acht weitere Töchter. Doch die Herzensdame aller blieb Habb Hanar, und dies entfachte in den Ehefrauen der Brüder das Feuer der Eifersucht.

Als der Agha schwer erkrankte und sein Ende nahen fühlte, rief er seine Söhne zu sich. Den Kopf in Habb

Hanars Schoß gebettet, teilte er ihnen seinen letzten Willen mit. Als die acht Männer um sein Bett versammelt waren, sprach der alte Mann voll Trauer: „Meine Söhne, ihr wart mein Augenlicht und vortreffliche Söhne. Ihr bestellt eure Felder und kümmert euch um euren Lebensunterhalt. Mein Herz ist zufrieden mit euch. Ich trage euch auf, mich auch im Grab so glücklich zu machen wie in meinem Haus, und lege euch ans Herz, für die Bauern zu sorgen, auch die Armen und Elenden nicht zu vergessen und Almosen zu verteilen. Haltet zusammen, denn gemeinsam seid ihr stark, gebt gut acht auf eure Schwester und lasst euch nicht in die Ränke der Frauen verstricken."

Mit der Bitte an die Söhne, sich um ihre Schwester zu kümmern, starb der Agha, als hätte er geahnt, was nach seinem Tod mit ihr geschehen würde.

Dann kam der unheilvolle Tag, an dem die Frau des ältesten Bruders ihren Mann bat, gemeinsam mit den anderen Frauen Habb Hanar zu einem Ausflug ans Flussufer begleiten zu dürfen, um sie aufzuheitern.

Der Mann freute sich über dieses Ansinnen und fragte sie, was sie dazu benötigten. Sie erwiderte: „Nur ein paar geröstete und gesalzene Kichererbsen, um unterwegs davon zu naschen."

Tatsächlich brachen die acht Frauen mit Habb Hanar auf und gaben ihr den ganzen Weg hindurch die salzigen Kichererbsen zu essen, bis ihr Mund trocken war und sie durstig um Wasser bat. Das war der Zeitpunkt, den Plan in die Tat umzusetzen, sie ein für alle Mal loszuwerden. Die älteste Frau des Bruders hatte nämlich eine kleine Schlange in den tönernen Wasserkrug gelegt, und da Habb Hanar so ausgedürstet war, bemerkte sie die Schlange im Krug nicht. Sie hob den Krug an ihre Lippen und trank ihn bis auf den letzten Tropfen aus. So gelangte die kleine Schlange in ihren Bauch und wurde dort mit der Zeit größer und größer. Die Ehefrauen tuschelten mit ihren Männern über den Bauch ihrer Schwester, der von Tag zu Tag anschwoll, und deuteten an, sie sei schwanger.

Die Brüder von Habb Hanar, die still den Schmerz ertrug, gerieten außer sich vor Wut. Aus Angst vor der Schande beschlossen sie, ihre Schwester zu töten, und beauftragten damit den jüngsten Bruder, der Habb Hanar am meisten liebte. Er beschloss, sie in den Wald zu führen und dort zu töten. Am nächsten Tag schlug er ihr vor, ihn bei dem Besuch einer Tante, die in einem weit entfernten Dorf wohnte, zu begleiten. Da freute sich Habb Hanar, packte ihre Sachen und machte sich mit ihm auf den Weg. Stunde um Stunde liefen sie durch einsame Wälder und Berge, doch wann immer er sie töten wollte, erinnerte er sich an den letzten Willen seines Vaters und seine Liebe zur Schwester und dachte sich: „Lass uns noch ein Stückchen weitergehen."

Als die Nacht einbrach, kam ihm der Gedanke, seine Schwester in der Wildnis allein zu lassen, so dass sie von den wilden Tieren gefressen werde. Dann hätte er die Schande abgewaschen und den Auftrag seiner Brüder erledigt, ohne dem letzten Willen seines Vaters zuwiderzuhandeln. So sprach er zu ihr: „Schwester, ich bin müde und erschöpft von der Reise, lass uns die Nacht hier verbringen und morgen weitergehen." Habb Hanar stimmte ihm unter der Bedingung zu, auf seinem

Mantel schlafen zu dürfen, denn sie fürchtete sich vor der Dunkelheit des Waldes. Der Bruder legte sich hin und breitete einen Teil seines Mantels unter ihrem Kopf aus. Kaum war sie eingeschlafen, da schnitt er mit einem Messer das Stück seines Mantels ab, auf den sie in seligem Vertrauen auf ihren Bruder den Kopf gebettet hatte. Dann lief er im Dunkeln weg und ließ sie im einsamen, finsteren Wald allein zurück. Nur das Mondlicht, das Heulen eines hungrigen Wolfs und das Krächzen einer traurigen Eule drangen durch die Finsternis.

Als Habb Hanar in der Früh erwachte, fand sie zu ihrem großen Schrecken ihren Bruder nicht mehr vor. Tiefe Trauer stieg in ihr auf, sie weinte und klagte, und die Schmerzen, die wie Messer ihre Eingeweide durchschnitten, machten alles noch schlimmer. Vor lauter Trauer erhob sie ihre Hände gen Himmel und flehte: „Herr, wenn meine Brüder das mit Absicht getan haben, dann soll ihr Getreide verdorren, ihre Bäche sollen austrocknen, ihr Vieh und ihre Frauen unfruchtbar werden, und dich, mein kleiner Bruder, soll eine Krankheit befallen, die nur ich wieder heilen kann!" Das kleine Stückchen vom Mantel steckte sie in eine Stofftasche, in der sie ihren Schmuck aufbewahrte.

Plötzlich hörte sie Hufgetrappel näherkommen und das Rufen von Männern, vielleicht von Jägern oder Wegelagerern, und sah keinen anderen Ausweg, als auf den Baum zu klettern, unter dem sie mit ihrem Bruder genächtigt hatte. Oben wartete sie ängstlich ab und hielt Ausschau. Zwei Männer kamen heran, ein Jüngling mit schönem Gesicht, dessen Statur und Kleidung eine vornehme Abstammung vermuten ließen, und sein

Diener. Die beiden hielten unter dem schattigen Baum an, um zu rasten. Da erschrak Habb Hanar und ließ aus Versehen etwas fallen. Der Jüngling blickte hoch, bemerkte, dass sich dort einer versteckte, und rief: „Bist du ein Mensch oder ein Dschinn?" Doch die Angst hatte ihr die Sprache verschlagen und so befahl er seinem Diener, nach oben zu klettern und nachzuschauen: „Wenn es ein Mensch ist, gehört er mir, wenn es ein Dschinn, ein Schatz oder eine Jagdbeute ist, so ist es deins."

Der Diener kletterte auf den Baum und fand dort das schönste Mädchen, das sein Auge je erblickt hatte, so dass er sogar seinen Herrn unten vergaß. Der fragte ihn ungeduldig: „Sag schon, Diener, was ist es denn?"

Er erwiderte: „Ein Mädchen", und brachte sie sanft hinunter.

Der Herr warf einen Blick auf sie und wurde von Liebe zu ihr ergriffen, doch er bemerkte auch, dass sie vor Angst zitterte und beruhigte sie: „Du bist in Sicherheit." Er nahm sie mit auf sein Schloss. Sie sah, dass alle ihn begrüßten und Emir Ali nannten. So gelangten die drei in den Empfangssaal des Schlosses, wo der Jüngling ihr sagte, dass er der Herrscher des Landes sei und dieser sein Diener. Er fragte, wer sie sei, doch aus Angst, dass er dann nach ihrer Familie suchen ließ, sagte sie nur: „Ich bin die Tochter eines Hirten und habe mich verlaufen, als ich nach einem Heilmittel gegen meine Bauchschmerzen suchte."

Der Emir befahl der Schlossärztin, sie zu untersuchen, um den Grund ihres Bauchleidens zu finden, und ihm zu berichten, ob sie aufrichtig oder eine Ehebrecherin war, die aus Angst vor ihrer Strafe weggerannt war. Die Ärztin versicherte ihm, dass das Mädchen rein und edel sei und ihre Bauchschmerzen aus dem Bauch und nicht aus dem Schoß kämen, und verabreichte ihr ein Mittel: „Wenn etwas in deinem oberen Bauch ist, wirst du es ausspucken, und wenn es im unteren Bauch ist, wird es auch herauskommen."

Das Mädchen trank die Medizin und verspürte eine Schwere in ihrem Kopf. Sie verlor das Bewusstsein und ihr Bauch fing an zu rumoren, und plötzlich erschien der Kopf der Schlange aus ihrem Mund. Die kleine Schlange war groß geworden und glitt aus dem Mund des armen Mädchens hinaus. Da trennte ihr der Emir mit einem Schwerthieb den Kopf vom Leib ab. Inmitten des allgemeinen Staunens und Erschreckens erlangte das Mädchen ihr Bewusstsein wieder und war überrascht, ihren Bauch wieder ganz normal vorzufinden. Der Emir erzählte ihr ausführlich, was geschehen war, und zeigte ihr den abgeschnittenen Schlangenkopf.

Da weinte Habb Hanar voll Trauer über das, was ihr geschehen war, doch zugleich war sie erleichtert darüber, die Schmerzen los zu sein, und verwahrte den Kopf in ihrer Stofftasche. Der Emir bat sie, seine Frau zu werden, und so wurde die Hochzeit gefeiert und sie lebten glücklich miteinander. Habb Hanar gebar ihm zwei Söhne, so schön wie der Mond.

Doch nach einigen Jahren verspürte sie Sehnsucht nach ihren Brüdern und sie fragte sich, wie es ihnen ergangen sein mochte. Sie verfiel in eine traurige Stimmung, und als der ratlose Emir sie nach dem Grund fragte, antwortete sie ihm: „Du bist jetzt mein Mann,

Emir Ali, und ich werde dir meine ganze Geschichte erzählen, doch nur unter der Bedingung, dass du mir erlaubst, meine Familie zu besuchen."

Der Emir war höchst erstaunt über ihre Geschichte und das große Unrecht, das ihr zugefügt worden war. Er ordnete an, eine Kutsche bereitzumachen, die sie und die beiden Söhne in Begleitung des treuen Dieners zu ihrer Familie bringen sollte, und gab ihr einen Monat Zeit für die Reise. Habb Hanar war sehr erfreut, doch sie ahnte nicht, dass sie neues Unrecht erwartete, denn nach einigen Tagen verlangte der Diener von ihr, mit ihm zu schlafen. Als sie das aufs Schärfste ablehnte, ergriff er einen ihrer Söhne und drohte ihr, ihn zu töten. Da sprach sie zu ihm: „Meinen geliebten Sohn zu töten ist eine große Katastrophe für mich, doch weniger schlimm als dir meine Ehre zu opfern, du Verräter!" Da tötete er den Jungen.

Entsetzt rannte sie zu ihrem Kind und umarmte es klagend. Sie nahm seinen noch lebenden Bruder in den Arm und verlangte vom Diener, ihren Sohn begraben zu dürfen. Unbemerkt nahm sie ihm die goldene Kette mit seinem Namen ab, die sein Vater ihm geschenkt hatte, und legte sie in das Stofftäschchen. Der gemeine Diener packte sie und sie setzten ihre Reise fort. Habb Hanar fürchtete um ihren zweiten Sohn, und tatsächlich trat ein, was sie befürchtet hatte: Der Diener verlangte ein zweites Mal nach ihr, und sie widersetzte sich erneut. So tötete er auch den zweiten Sohn. Wieder begrub sie das Kind und nahm ihm unbemerkt die goldene Kette ab, die auch seinen Namen trug.

Sie war am Ende ihrer Kräfte. Als der Diener sie ein drittes Mal bedrängte, willigte sie unter der Bedingung ein, vorher hinter dem Felsen ihre Notdurft verrichten zu dürfen. Zufrieden, endlich sein erhofftes Ziel erreicht zu haben, stimmte er zu, aber Habb Hanar flüchtete durch den Wald. Er rannte hinter ihr her, doch plötzlich fiel sie in einen Fluss, dessen eiskalte starke Strömung sie mit sich riss. Da hielt er sie für tot und dachte sich: „Ich werde zum Schloss zurückgehen und dem Emir sagen, dass seine Frau mit den Söhnen weggelaufen ist und ich sie nicht einholen konnte." So kehrte er im Glauben, sie sei tot, ins Schloss zurück.

Der Fluss spülte Habb Hanar nach einer Weile ans Ufer eines Dorfes. Dort erholte sie sich und fragte einen Bauern nach dem Weg zu ihrem Dorf. Dieser zeigte mit der Hand Richtung Süden und sagte: „Du wirst bald bei den Elenden ankommen."

Habb Hanar ging den Pfad entlang und bald erreichte sie das Dorf. Sie war überrascht, wie spärlich das Wasser im Fluss des Dorfes floss, in dem einst die Wassermassen in Fülle getobt hatten. Als sie sich umblickte, sah sie nur einen ausgemergelten Hirten, dem das Elend ins Gesicht geschrieben stand und der zwei Ziegen hütete, deren Knochen vor lauter Auszehrung herausstanden. Sie fragte den Hirten: „Warum sind alle Bäume vertrocknet? Warum fließt der Fluss so spärlich hier bei euch? Wo sind die Zicklein, die du eigentlich hüten solltest, weil doch Frühling ist und alles grünt und blüht, das Schmelzwasser sprudelt und Ziegen, Schafe und Kühe Nachwuchs bekommen?"

Der Hirte antwortete voll Schmerz und Trauer: „Seit die Herrin des Dorfes, Habb Hanar, weggegangen ist, haben wir Hungersnöte. Seit Jahren wächst unser Getreide nicht mehr, so dass wir trockenes Gras essen müssen, und die Bäche führen kaum genug Wasser mehr. Unser Vieh und unsere Frauen sind unfruchtbar, Trauer und Verfall herrschen im Dorf. Und noch dazu hat eine Krankheit den jüngsten Sohn des Agha befallen, die kein Arzt kurieren kann. Er liegt nur im Bett, weder tot noch lebendig."

Als sie das vernommen hatte, stellte sich Habb Hanar vor dem Fluss auf und flehte Gott an: „Du, der du wusstest, dass mir Unrecht geschah und meine Gebete erhörtest! Erhöre nun mein Flehen ein zweites Mal, Herr! Lass Wasser strömen, lass das Getreide wachsen und ihre Frauen wieder fruchtbar werden!" Kaum hatte sie den letzten Satz ausgesprochen, da sprudelte wie durch ein Wunder das Wasser im Fluss und grünes Gras begann zu wachsen. Der Hirte schrie vor Schreck auf, denn die Euter seiner beiden Ziegen waren prall mit Milch gefüllt. Er fragte, ob sie ein Engel vom Himmel sei, doch sie antwortete: „Du wirst zur rechten Zeit erfahren, wer ich bin. Aber willst du mich für mein Gebet nicht belohnen?" Er sagte, sie möge verlangen, was sie wolle, und da sprach sie: „Ich hätte gern ein Glas Milch zum Trinken und deinen Wollmantel, um ihn anzuziehen." Und er gab ihr, was sie forderte.

Habb Hanar trank die Milch, hüllte sich in den schmutzigen Mantel und ging davon. Mit Holzkohle, Asche und Schlamm schmierte sie Gesicht, Hände und Haare ein und sah nun wie eine verdreckte hässliche

Bettlerin aus. So lief sie ins Dorf, in dem vor Glück und Freude laute Stimmen erschallten, weil all die guten Dinge und das Wasser zurückgekehrt waren. Sie ging zum Haus ihrer Familie, das im Gegensatz zum übrigen Dorf still dalag, nur ein leises Klagen war vernehmbar. Sie klopfte an und als ihr ältester Bruder ihr die Tür öffnete, verbarg sie ihre Sehnsucht und sprach: „Gibt es ein Stückchen Brot für mich arme Frau?"

Er erwiderte: „Verschwinde von hier und lass mich in Ruhe!"

Sie sagte: „Was ist mir dir los, dass du einer notleidenden Frau nichts zu essen geben willst? Sag's mir, vielleicht kann ich dir helfen."

Er sagte: „Wer bist du, du dreckige Bettlerin, mir helfen zu wollen! Selbst der Arzt aus Indien konnte mir nicht helfen. Mein jüngster Bruder liegt seit Jahren darnieder gestreckt im Bett, nichts konnte ihn heilen, er ist nicht tot und nicht lebendig!"

Sie fragte, wie er erkrankt sei, und bekam zur Antwort: „Vor Jahren kam er einmal aus dem Wald zurück, nachdem er auf etwas Spitzes getreten war, das ihn sehr geschmerzt hat. Seit dieser Zeit ist er bewusstlos."

Sie meinte zu ihm: „Was gibst du mir, wenn ich ihn mit Gottes Hilfe für euch heile?"

Er sagte: „Verlang, was du willst, und wenn es unser ganzer Besitz und Wohlstand wäre!"

Habb Hanar ging mit ihm ins Haus und wurde von Kummer befallen, als sie das Zimmer ihres jüngsten Bruders betrat. Die sieben Brüder mit ihren Frauen und seine Ehefrau saßen um das Bett herum und klagten. Sie schickte alle vom Bett weg, setzte sich ans Fußende und sprach: „Bevor ich ihn heile, will ich euch eine Geschichte erzählen." Alle waren einverstanden und sie begann, von einer jungen Frau zu erzählen, die von ihren Schwägerinnen, die sich gegen sie verschworen hatten, auf einen Ausflug mitgenommen wurde; sie erzählte von der unheilvollen Reise mit ihrem Bruder und ihrem Treffen mit dem Emir, der sie heilte und dann heiratete; von ihren beiden Söhnen und ihrer Sehnsucht nach ihrer Familie, die sie trotz des durch sie erlittenen Unrechts verspürte, von den Untaten des abscheulichen Dieners, der ihre Söhne tötete, und von dem, was mit dem Dorf und der Familie geschehen war, nachdem sie das Unrecht gegen sie begangen hatten.

Die Frauen wurden von großer Angst ergriffen und fragten: „Wer bist du? Woher weißt du das?" Da zeigte sie ihnen den Kopf der Schlange, das Mantelstückchen und die goldenen Halsketten ihrer Söhne und sprach: „Bei Gott, ich werde nichts sagen und diesen Kranken nicht heilen, bevor ihr euer Verbrechen zugebt!"

Unter den Drohungen ihres Mannes, ihnen allen, einer nach der anderen, den Kopf abzuschneiden, erzählte die Frau des ältesten Bruders die ganze Geschichte. Die Brüder weinten wegen des Unrechts, das sie an ihrer Schwester begangen hatten, und flehten Gott an, sie wiedertreffen zu dürfen, um sie um Vergebung zu bitten und den Vater im Grab zufriedenzustellen. Sie baten die Bettlerin, sie zu ihrer Schwester zu bringen.

„Lasst mich kurz in eurem Bad erfrischen und dann bringe ich euch zu ihr", sagte sie und der älteste Bruder begleitete sie zum Bad. Sie wusch sich, ließ den Mantel fallen, kämmte ihre Haare und kam ins Zimmer zurück, wo alle auf sie warteten.

Sie erstarrten. „Habb Hanar", flüsterten die Brüder und Schwägerinnen aus trockner Kehle.

Sie stellte sich ans Fußende des Lagers und betete zu Gott: „Lieber Gott, so wie du ihn mit der Krankheit geschlagen hast, lass ihn unter meinen Händen genesen!" Kaum hatte sie ihn berührt, trat aus seinem Fuß ein fingergroßer schwarzer Stachel hervor, der vergiftet gewesen war. Der Bruder schlug sofort die Augen auf und erblickte seine Brüder und Habb Hanar. Er umarmte sie inniglich, weinte und bat sie um Verzeihung. Sie berichtete ihm, was vorgefallen war, und lud ihre Brüder aufs Schloss ihres Mannes ein, um ihm von allem zu berichten.

Gemeinsam gingen sie mit ihr in die Stadt. Ihren Frauen drohten sie eine Bestrafung an, sobald sie ihre Schwester zu ihrem Mann zurückgebracht hätten.

Habb Hanar betrat mit ihren acht Brüdern den Saal und sah den Emir traurig auf seinem Stuhl sitzen, neben ihm der abscheuliche Diener. Dieser hatte dem Emir erzählt, seine Frau hätte sich mit den beiden Söhnen und ihrem Liebhaber auf- und davongemacht. Sie befahl den Soldaten, den Verräter festzunehmen und erklärte ihrem Mann gemeinsam mit ihren Brüdern, was vorgefallen war. Zum Beweis ihrer Unschuld legte sie ihm die zwei goldenen Ketten ihrer Söhne vor. Natürlich schenkte der Emir ihrer Geschichte Glauben und ließ den Verräter hinrichten. So kehrte sie in Ehren zu ihrem Mann zurück. Gott entschädigte sie für den Verlust, den sie erlitten hatte. Und weil sie ein gütiges Herz hatte, forderte sie ihre Brüder auf, ihre Frauen nicht zu bestrafen, da diese ihre Tat bereuten.

Die Brüder erfüllten ihre Bitte und lebten mit ihren Familien glücklich und zufrieden.

Die Druckerei der Partei

Die geheime Druckerei der Partei befand sich im Lehmhaus meines Großvaters in einem kleinen Anbau zwischen alten Tischen, Holzstühlen, gebrauchten Jutesäcken und einer kaputten Singer-Nähmaschine. Diese hatte ein Verwandter zurückgelassen, der nach Beirut ausgewandert war, wo er im Hafen Schiffe aus fernen Ländern entlud.

Die Druckmaschine selbst war ein manuell zu bedienender Apparat, der sich drehte, wenn man ihn mit weißen Blättern fütterte. Nach einer vollständigen Umdrehung kam am anderen Ende die Zeitung heraus. Auf der Maschine stand Made in Italy. Die Führung der Kurdischen Partei hatte sie einem bekannten Funktionär der syrischen KP abgekauft, der sich mit dem Generalsekretär Chalid Bakdasch überworfen, das gesamte Eigentum der Partei im Garbawi-Büro beschlagnahmt und es an die „befreundeten" kurdischen Parteien verscherbelt hatte.

Mein Onkel, der als altbewährtes Mitglied der Partei Vertrauen genoss, erledigte seine Pflichten, indem er die Parteizeitung druckte und sie mittels einer Handvoll anderer Genossen verteilte. Diese wiederum gaben die Zeitung an Genossen in den umliegenden kurdischen Dörfern weiter, um nicht im eigenen Dorf Aufmerksamkeit auf ihre geheime und gefährliche Parteiarbeit zu ziehen, die als kleiner Schritt zur Befreiung Kurdistans verstanden wurde.

Die Zeitung bestand aus drei Seiten. Auf der ersten Seite befanden sich das Emblem der Partei, die Ausgabennummer und der Leitartikel der jeweiligen Ausgabe, den ein Mitglied des Zentralkomitees verfasst hatte. Sein Pseudonym lautete al-Assad al-Kurdi, „der kurdische Löwe", obwohl er wegen Mangelernährung und seinem schlechten Verhältnis zu seiner zweiten Ehefrau mager und ausgezehrt war.

Die zweite Seite war ein schlechtgeschriebener Bericht über die Aktivitäten und Treffen des Generalsekretärs mit den Führungen anderer kurdischer Parteien in Syrien sowie den Vertretern der Büros der kurdischen Befreiungsparteien in Qamischli, vor allem der beiden wichtigsten, der Demokratischen Partei Kurdistans und der Patriotischen Union Kurdistans, sowie mit arabischen und kurdischen Persönlichkeiten.

In jeder Ausgabe erschien ein Bericht über die Treffen des Genossen Generalsekretärs mit kurdischen Persönlichkeiten, selbst wenn diese schon das Zeitliche gesegnet hatten. Der Redakteur kannte alle Namen auswendig, hatte er doch immer wieder gehört, dass eine große Anzahl an Namen in der Zeitung ein schlagender Beweis für die Stellung der Partei und die Wichtigkeit des Generalsekretärs sowie seiner umfangreichen Verbindungen zur kurdischen Befreiungsbewegung war.

Einmal verfehlte der Redakteur deutlich das Ziel, als er in den 1980er Jahren über ein Treffen des Generalsekretärs mit dem Gründer der Kurdischen Republik

Mahabad im iranischen Kurdistan, Qadi Muhammad, berichtete, der im März 1947 hingerichtet worden war.

Dem Generalsekretär fiel dieser eklatante Fehler beim Durchblättern der Zeitung auf, als er mit seiner Frau im Garten seines Hauses den Morgentee einnahm. Das Haus lag in einer Siedlung für Offiziere und Mitarbeiter des syrischen Geheimdienstoffiziers Muhammad Manssura in der Nähe des Flughafens in Qamischli. Sofort ließ er den Redakteur, das Mitglied des Zentralkomitees, zu sich rufen und tadelte ihn aufs Heftigste. Diesem nutzte kein Flehen und keine Erklärung darüber, dass er den Artikel nur aus Liebe zum Generalsekretär verfasst und dass diese Liebe ihn zu einem Treffen mit dem Gründer der ersten kurdischen Republik, Qadi Muhammad, inspiriert habe.

„Sehen Sie dieses Treffen als ein spirituelles an, Genosse Generalsekretär, nicht als ein reales", sprach er scheinheilig.

Da glätteten sich die Zornesfalten des Generalsekretärs und er bot ihm ein Glas Tee und eine Marlboro an.

Der Redakteur erfreute sich bei der Herausgabe der Zeitung der vorbehaltlosen Unterstützung des Generalsekretärs. Einzige Bedingung war, die Parteilinie einzuhalten und weder das syrische Regime in Damaskus noch seine Sicherheitsapparate anzutasten. Zudem sollte er dem Leiter der militärischen Sicherheit der Dschasira-Region, Muhammad Manssura, indirekt die Haltung der Partei zu den Rechten des kurdischen Volks in Syrien klarmachen und stets unterstreichen, dass die Lösung in Damaskus und vor allem im Präsidentenpalast liege!

Der Redakteur fügte der Zeitung weitere Rubriken hinzu, etwa „Spracherwerb", um ein paar einfache Lektionen zum Erlernen der kurdischen Sprache unterzubringen, die durch ein mündliches Dekret des syrischen Regimes verboten worden war, Horoskope, Sportnachrichten und das „Rezept des Tages", denn er kannte alle Lieblingsgerichte des Generalsekretärs.

Eines Tages berief ein Parteiverantwortlicher eine Sitzung ein, um über die kommende Ausgabe zu sprechen, die voll mit Themen war, die die syrischen Kurden interessierten. Es ging vor allem um den Leitartikel, der die Korruption unter einigen Mitgliedern der kurdischen Bewegung anklagte, die ihre persönlichen Interessen über die des Volkes und seine rechtmäßigen nationalen Ansprüche stellten.

Ich hatte mir den Leitartikel durchgelesen, nachdem ich meinem Onkel beim Druck und Zusammenfügen der Seiten geholfen hatte.

Am nächsten Tag sah ich im Kaffeehaus einen Parteifunktionär. Ich wollte leichtsinnigerweise angeben: „Ehrlich gesagt finde ich nichts Neues in dem Artikel, den der Genosse Kurdischer Löwe da geschrieben hat. Das ist nur ein Wiederkäuen seiner alten Artikel, von denen man kein Wort versteht", sagte ich ihm mit geschwellter Brust.

Der Funktionär erwiderte erbost: „Die neue Ausgabe habe ich heute erst erhalten! Wie kommt es, dass du die Zeitung ohne meine Erlaubnis bereits gelesen hast?"

Ich versuchte erst gar nicht, es ihm zu erklären, weil ich den Ort der Druckerei geheim halten und das Schicksal meines Onkels in der Partei nicht gefährden wollte. Ich öffnete die Tür und rannte hinaus. Schimpfend und fluchend rannte der Parteiverantwortliche mir nach.

„Genosse! Du Hurensohn! Wie bist du an die Zeitung gekommen und hast sie auch noch ohne meine Erlaubnis gelesen?“, schrie er keuchend hinter mir.

Birifans Tränen und der Käsekanister, der den Direktor veränderte

Birifan kam traurig von der Schule nach Hause. Als ihre Mutter nach dem Grund für ihre Traurigkeit fragte, erzählte sie:

„Unser Lehrer in der fünften Klasse, der die Schüler immer schlägt, wenn sie im Schulhof Kurdisch miteinander sprechen, sagt, dass Papa den Teufel anbetet und ein Ungläubiger ist! Das hat mir meine Freundin Bruyan erzählt, die in der Klasse neben mir sitzt.“

Vater Sinan saß über sein Rechnungsheft gebeugt, damit beschäftigt, die Einkaufsliste für seinen kleinen Laden im Markt von Qamischli zu erstellen. Dort befanden sich die Läden für Gemüse, Fleisch, Kleidung, Stoff, Haushaltswaren und Schmuggelgut aus der Türkei.

Er unterbrach seine Arbeit, legte Stift und Heft beiseite und ging auf die hübsche Birifan zu. Er küsste sie und sprach:

„Morgen spreche ich mit dem Direktor. Kümmere du dich um die Schule und deine Hausaufgaben, Töchterchen.“ Dabei strich er ihr eine Locke aus dem Gesicht und küsste sie auf die Stirn.

Zu Mittag des folgenden Tages, als er sich von einem langen Morgen erholte, an dem er Waren eingekauft und auf die Regalbretter gestapelt und die Teedosen und das Gemüse vor dem Laden aufgestellt hatte, sah er den Direktor der Schule mit einer Tüte Obst und Gemüse herankommen. Dieser war Baathist und bekannt für seine Beziehungen zu den Geheimdiensten.

Als der Direktor am Laden angekommen war, grüßte ihn Sinan und streckte ihm die Hand hin. Er bat ihn, doch bitte Platz zu nehmen, wenn seine Zeit es erlaube, da er ein dringliches Problem zu besprechen hätte.

Der Direktor ließ sich auf einem Holzstuhl am Rand des Gehsteigs vor dem Laden nieder.

Sinan bestellte zwei Gläser Tee beim Kellner des benachbarten Kaffeehauses, der seine Runde durch die Läden machte, um Bestellungen entgegenzunehmen, und legte eine Schachtel Zigaretten zusammen mit einem überquellenden Aschenbecher auf den kleinen Tisch. Es war ihm bewusst, dass der Lehrer der fünften Klasse mit der Sache nichts zu tun hatte, sondern dass er einfach nur opportunistisch war und dem Direktor nach dem Mund sprach, der in Wahrheit die Schlange war.

Sinan begann die Unterhaltung: „In dieser Stadt lieben wir die Lehrer und respektieren sie, wir schätzen ihre Anstrengungen und ihre Bereitschaft, so weit weg von zuhause zu sein, und all das nur, um unsere Kinder zu unterrichten.

Wenn Sie auf dem Markt der Stadt umherstreifen, werden Sie Kurden, Araber, Aramäer und Armenier treffen, und wenn Sie vom Markt nach Norden gehen, stoßen Sie auf eine Kirche und zwei Straßen weiter sofort auf eine große Moschee."

Der Direktor lauschte rauchend, und Sinan fuhr fort:

„Nun gibt es Leute, die Gerüchte und Geschichten verbreiten, die uns Jesiden verleumden, so zum Beispiel, dass wir den Teufel anbeten.

Herr Direktor, wie Sie wissen, beten wir nicht den Teufel an, sondern Gott, der alles erschaffen hat. Wir üben unseren Glauben auf Kurdisch aus, weil wir davon ausgehen, dass das die Sprache ist, in der Gott mit dem Anführer der Engel, Melek Taus, gesprochen hat. Gott hat ihn mit diesem Rang geehrt, weil er nicht vor Adam niederfiel, denn als Gott die Engel erschuf, befahl er ihnen, vor niemandem außer ihm selbst auf die Knie zu fallen.

Als er dann von ihnen forderte, vor Adam niederzuknien, taten dies alle außer Melek Taus, der sich an den Befehl des Herrn hielt."

Der Direktor lauschte immer noch und verspürte im Grunde seines Herzens Scham, denn er war es gewesen, der vor den Lehrern so ignorant über die Jesiden gesprochen hatte. Sinan fuhr fort:

„Der jesidische Glaube ist uralt und ermahnt die Jesiden, an ihm festzuhalten und ihn zu bewahren, denn ein Jeside wird als Kind eines jesidischen Vaters und einer jesidischen Mutter geboren. Man kann nicht zum Jesidentum übertreten. Die Jesiden sind schon vielen Ausrottungsversuchen ausgesetzt gewesen, zuletzt in Sindschar."

Hier hörte Sinan auf zu sprechen und machte sich daran, einen Kanister einheimischen Käse für den

Direktor zu holen, damit dieser aufhörte, die Jesiden schlechtzumachen. Als er wiederkam, sagte er:

„Dies ist ein 20-Kilo-Kanister mit dem besten einheimischen Käse, ein Geschenk meiner Ehefrau an Ihre verehrte Familie. Ich werde ihn Ihnen noch heute vom Kellner des Kaffeehauses nach Hause bringen lassen."

Der Direktor erhob sich und sagte zu Sinan: „Von heute an werde ich keine Gerüchte mehr dulden, die mir und der Schule genauso sehr wie Ihnen schaden!" Lächelnd verabschiedete Sinan den Direktor und zündete sich eine neue Zigarette an. Er betrachtete den Flug einer Schar weißer Tauben hoch oben am Himmel von Qamischli.

Im Exil

Als hätte Gott diese Dörfer erschaffen, dann vergessen und mir allein hinterlassen. Karssor und Dutzende anderer Dörfer. Als hätte das Kind, das so oft hinter der Schafherde herlief, die Wölfe, den Hunger und die Diebe nicht mehr gefürchtet. Es folgte seiner Herde, in der Hand einen silbernen Dolch, als sei es sein Schicksal, als Erwachsener geboren zu werden, den Sänger Muhammad Scheicho zu lieben und weit weg von allen einsam im Regen zu weinen, damit keiner seine Tränen sah. Als wäre ich jetzt in Karssor und suchte nach meinen Schafen, den Vögeln und Wildhasen, die ich in jenen Bergen zurückließ und die nun auf mich warteten ... Und jetzt weine ich in meinem Exil, wo keiner mich sieht.

Afrin

Einige wenige Male besuchte ich Afrin. Hamid Bader-
chan hatte mir im Kaffeehaus Der Palast stundenlang
von den Olivenbäumen der Stadt erzählt. Wenn ich
danach einen Olivenbaum sah, fielen mir die Oliven-
bäume von Afrin ein. Auf der griechischen Insel Kos
sprach ich mit meiner Tochter Mira unter einem Olivenbaum Kurdisch, als ein Tropfen warmen Öls wie eine
Träne aus dem Baum auf die Wange meiner Kleinen
fiel. Manchmal verlassen auch die Bäume ihre Heimat
und ziehen ihren Familien hinterher, und sie weinen,
wenn sie den Weg nicht mehr zurückfinden.

Warum wurde ich Kurde?

Den Gedanken, dieses Buch zu schreiben, habe ich von
meinem Großvater, der Kurdistan und die Kurden liebte
und zugleich auch alle anderen Menschen und Länder.
Er war ein Kurde, dessen Tür immer für alle offen war,
der Gäste mit Freude erwartete und traurig war, wenn
aus den benachbarten Dörfern und Ortschaften niemand
zu Besuch kam.

Er war großzügig und mutig und stets auf der Seite
der Unterdrückten, für die er sich einsetzte.

Er liebte seine Töchter mehr als seine Söhne.

Einmal hörte ich, wie er zu einem arabischen Freund
sagte: „Um zu verstehen, was ein Kurde auszuhalten
hat, musst du zum Kurden werden, und sei es nur für
einen Tag!"

Dieses Buch stellt meinen Versuch dar, ein Kurde wie mein Großvater zu werden und wieder das Kind zu sein, das ihm durch die Weizenfelder hinterherläuft. Ich liebe die Bäume, den Himmel, die Vögel, die kurdischen Lieder, die kurdischen Städte und die hohen kurdischen Berge.

Ich liebe die aramäischen, armenischen, arabischen und kurdischen Namen, die ich auf den Straßen von Qamischli vernahm.

Wer sein Land liebt, liebt auch die Länder der anderen.

Wer seine Kinder liebt, liebt alle Kinder auf der Welt.

Wer seine Mutter liebt, liebt alle Mütter; er ergreift für die Frauen Partei und steht ihnen ohne jedes Zögern zur Seite.

Kurde zu sein bedeutet,

den Schwachen und Unterdrückten eine Stütze zu sein,

auf Seiten der Frauen zu stehen, denn sie sind die Blumen des Lebens,

für die Kinder und ihre Träume da zu sein,

sich für den einzusetzen, der anders und anderer Meinung ist als man selbst.

Nach all diesen Jahren in den Niederlanden und in Deutschland träume ich immer noch, von meiner Mutter geweckt zu werden, um die Schafherde in den nahen Bergen um Karssor zu hüten.

Sie werden kein Kurde geworden sein, wenn Sie die Lektüre dieses Buches beendet haben, aber Sie werden viel über die Schmerzen, Hoffnungen und Träume der Kurden erfahren haben und vielleicht auch ein wenig von dem so weit entfernten Kurdistan.

Mein Vater war staatenlos, doch sein Onkel Naifko war eingebürgert. Mein Vater heiratete Naschmiya, die Tochter seines Onkels Naifko, die meine Mutter wurde.

Als ich zur Welt kam und die beiden vor dem Schicksal flohen, das meinen Vater als staatenlosen Kurden verfolgte, beschloss mein Großvater, mich als seinen eigenen Sohn eintragen zu lassen. So wurde meine Mutter zugleich meine Schwester. Ich blieb im Familienstammbuch meines Großvaters registriert, bis mein Vater gegen Ende der 1970er Jahre die syrische Staatsangehörigkeit erhielt. Damals ging dieses Verfahren ganz leicht, wenn man den zuständigen Beamten bestach.

Man stellte für mich eine Sterbeurkunde als Sohn meines Großvaters Naifko unter dem Namen Mahmud Naif Chalid aus und dafür bekam ich eine neue Geburtsurkunde als Alan Sido, weil mein Vater den neuen Familiennamen Sido erhielt. Warum er mich Alan und nicht Barzan nannte, habe ich bereits am Anfang dieses Buches erzählt.

Wenn ich meine Mutter aus den Niederlanden oder Deutschland anrufe, sagt sie immer: „Ich habe solche Sehnsucht nach dir, mein Sohn und kleiner Bruder!"

Erläuterung

Am 5. Oktober 1962 fand eine außerordentliche Volkszählung der Kurden in der Provinz Hasaka statt, in deren Ergebnis die Kurden in Syrien in folgende Gruppen aufgeteilt wurden:

- Kurden mit syrischer Staatsbürgerschaft (Bürger),
- Kurden, denen die Staatsbürgerschaft entzogen wurde und die in den offiziellen Registern als „staatenlos/Ausländer" geführt werden,
- Kurden ohne Staatsbürgerschaft, die nicht offiziell registriert worden sind und unter dem Namen „Unbekannte" laufen, ein syrischer Verwaltungsbegriff, der auf das Fehlen der Person in den offiziellen Registern hinweist.

Der Begriff „Unbekannter" umfasst darüber hinaus Personengruppen, die folgende Elternteile haben:

- einen ausländischen/staatenlosen Vater und eine syrische Mutter,
- einen ausländischen/staatenlosen Vater und eine „unbekannte" Mutter,
- „unbekannte" Eltern.

Die Volkszählung wurde auf Grund des Dekrets Nr. 93 vom 23. August 1962 unter Präsident Nazim al-Qudsi und Ministerpräsident Bashir al-Azma durchgeführt. Ziel dieser außerordentlichen Zählung der Kurden in der Dschasira-Region war es, festzulegen, wer als „Bürger" galt, die Kurden, die aus der Türkei und dem Irak ins Land gekommen waren, als „Staatenlose/Ausländer" herauszufiltern und die offiziellen Melderegister dementsprechend auf einen aktuellen Stand zu bringen.

Das Lachen aus der Wunde

Rafik Schami

Marwan Ali, ein bekannter kurdischer Lyriker und Journalist, hat in einem einzigartigen Prosawerk gezeigt, wie man trotz widrigster Umstände lacht, ohne zu blödeln. Sein Leitgedanke: Versöhnung und Leben in Würde; und da beide Ziele in den heutigen arabischen Ländern kaum zu erreichen sind, so gesellt sich ein dritter Gedanke dazu: niemals die Hoffnung aufgeben.

Marwan Ali berichtet von kleinsten Geschichten und großen Ereignissen im Alltag eines Kurden, vom Erwachsenwerden in einer unterdrückten Minderheit. Ich habe an manchen Stellen Tränen gelacht und an anderen hatte ich eine unbändige Wut gegen die rassistischen Baath-Schergen, die nicht einmal ihr Land unabhängig von Russen, Amerikanern, Iranern und weiß der Teufel von wem noch machen können, sich aber gleichzeitig als Retter der arabischen Kultur gegen die kurdische Gefahr aufspielen und einen hilflosen Mann überfallen und vor den Augen seiner Familie und Nachbarn mit Stiefeln treten, weil er seiner Tochter den Namen Kurdistan gab.

Es gibt ganze Bücherregale von Informationen über das kurdische Volk und seine Kultur, aber hier soll nur das Notwendigste gezeigt werden, um die Texte des Buches besser zu verstehen.

Kurdistan ist ein Gebiet in Vorderasien, das als historisches Siedlungsgebiet des kurdischen Volkes angesehen wird. Einige der Staaten, über die sich dieses Gebiet erstreckt, vermeiden die Bezeichnung Kurdistan oder verbieten den Gebrauch des Begriffes sogar. Er wird aber von breiten Schichten der kurdischen Bevölkerung gefördert beziehungsweise gefordert.

Das gesamte kurdische Siedlungsgebiet umfasst je nach Definition 440 000 bis 530 000 Quadratkilometer und verteilt sich auf die Staaten Türkei, Irak, Iran und Syrien. Kurden leben, in geringerer Anzahl, auch in Armenien, Aserbaidschan und Georgien. In diesen kurdischen Gebieten leben neben Kurden Araber, Perser, Aserbaidschaner, Türken, Turkmenen, Armenier und Aramäer.

Die Kurden zählen zu den indogermanischen Völkern. Mit 25 bis 30 Millionen Menschen sind sie weltweit das größte Volk ohne eigenen Staat.

Das kurdische Volk hat in seinen Gebieten große politische und kulturelle Leistungen für die islamische und arabische Welt erbracht. Nicht nur Wissenschaftler, Dichter, Musiker und Juristen bereicherten die arabische und islamische Kultur. Auch haben sie stets opferbereit das arabische Reich verteidigt. So waren ihre Siedlungsgebiete beispielsweise die Grenzregion zum Römischen Reich und sie kämpften zu Kalifenzeiten tapfer gegen die Byzantiner, die immer wieder versuchten in das arabische Reich vorzudringen.

Doch ihre größte Einflussnahme kam mit ihrem Kampf gegen die Kreuzzügler. Ihr heldenhafter Mut hat die Geschichte mitgestaltet. Die arabischen Truppen kapitulierten unter ihren korrupten Herrschern, doch eine kleine kurdische Macht wuchs innerhalb des verwahrlosten und zersplitterten arabischen Reichs und bot unter der genialen Führung von Salah ad-Din (Saladin) den Kreuzzüglern die Stirn. Er besiegte sie in der Schlacht von Hattin am 4. Juli 1187 und befreite viele Gebiete und vor allem Jerusalem.

Doch was bekam das kurdische Volk dafür?

Erst teilten der osmanische Sultan Murad IV. und der persische Schah Abbas II. das kurdische Grenzgebiet zwischen dem osmanischen und persischen Reich auf (Vertrag von 1639; und in der Folge die Verträge von Erzurum zwischen dem Osmanischen Reich und dem Iran 1847). Nach dem ersten Weltkrieg wurde in Lausanne 1923 die im Vertrag von Sèvres (1920) von den Siegermächten versprochene Autonomie von Kurdistan aus allen Paragraphen gestrichen. Mehrere Aufstände (1925, 1930 und 1938) wurden blutig niedergeschlagen. In der Türkei, in Syrien und im Irak wurden die Kurden unterdrückt. Ihre Sprache verboten.

Der Verbrecher Saddam Hussein ließ 1988 Giftgas auf die kurdischen Dörfer und Städte im Norden des Iraks werfen. Über 100 000 Tote und Tausende von zerstörten Dörfern und Siedlungen hinterließ diese Offensive und doch gelang es ihr nicht, den Willen des kurdischen Volkes zu Selbstbestimmung und zu einem Leben in Freiheit und Würde zu brechen.

Die kurdische Stadt Halabdscha wurde zum Mahnmal gegen den Völkermord. So wie Gernika (kastilisch Guernica), die baskische Stadt in Nordspanien, im April 1937, wurde Halabdscha am 16. März 1988 aus der Luft angegriffen und bombadiert, wobei in Halabdscha auch Giftgas eingesetzt wurde.

Saddam Hussein bezog die giftigen Chemikalien damals unter anderem aus den USA und aus Deutschland. Das allgemeine Bedauern später war die reinste Heuchelei.

Marwan Ali wurde durch Armut und das Exil gezwungen in vielen Berufen zu arbeiten: Im Restaurant, in einer Autowerkstatt, als Traktorführer, Lastenträger, Metallschrott-Sammler. Er sagte in einem Interview: „Ich habe durch diese Berufe mehr gelernt als aus allen Schulbüchern."
Marwan Ali veröffentlicht wenig und hat doch als einer der wichtigsten kurdischen Dichter, die auf Arabisch schreiben, einen sehr guten Namen.

Literatur ist immer ein Versuch und eine Versuchung. Bei einem so komplexen und emotional hochgeladenen Thema ist die Versuchung groß, dass der Autor die notwendige Distanz verliert und nach und nach abdriftet und zum Prediger wird. Nein, Marwan Ali begleitet seine Leserinnen und Leser nüchtern durch sein Dorf, durch die Stadt Qamischli, durch Aleppo, durch Holland und Deutschland. Auf seiner langen Reise durch Syrien, die Türkei und Europa trug Marwan Ali sein Dorf Karssor immer mit sich.
An manchen Stellen sind es kurze Szenen, als wenn man an hängenden kleinen Spiegeln vorbeigehen würde, die die Umgebung aus verschiedenen Blickwinkeln spiegeln.
An vielen Stellen ist das Buch sehr komisch – doch bei allem Humor vergisst der Autor die bittere Seite der

Medaille nicht, nämlich, über den brutalen syrischen Geheimdienst zu berichten. Auch seine herbe Kritik gegen die kurdischen Parteien* und die opportunistische KP Syriens ist mutig und mehr als berechtigt.

Der Titel des Buches beinhaltet eine große Portion Satire und erinnert absichtlich an die verbreiteten Bücher: Englisch, Französisch oder Italienisch in fünf Tagen oder zwei Wochen lernen. Das Buch ist aber eine Einladung „Kurde zu werden" und sei es nur während des Lesens. Das bedeutet, die Menschen verstehen, ihre Freude und Schmerzen mitfühlen.

Die Hoffnung des Autors ist, dass die Leserinnen und Leser spüren, wie selbstverständlich das Recht der Kurden auf ein Leben in Freiheit und Würde ist, das ihnen bis heute verweigert wird.

Es sind fünf Tage. Sie symbolisieren Jahrhunderte der Entrechtung und der großen Seele des kurdischen Volkes, das friedlich mit allen Ethnien und Religionsgemeinschaften in seinem Gebiet leben möchte. Die fünf Tage sind ein großes Gemälde, das tief im Gedächtnis der Kurden gespeichert ist.

Beim Lesen spürt man, dass man langsam in diese Atmosphäre eintaucht. Die Lehmhütten, die alten rostigen, großen Chevrolets, die Hirten mit ihren Herden, die Weizenberge, die in der Region produziert wurden. Und man erlebt den komischen Cousin Scherko wie in einer Filmkomödie.

Einem Musiker gleich komponiert Marwan Ali sein Werk, ernsthaft, aber nicht, dass einem die Luft weg-

---

* Siehe dazu Cheterian, Vicken: *Gibt es eine Zukunft für Kurdistan*, Le Monde diplomatique, April 2023, S. 11.

bleibt, und humorvoll, ohne zur seichten Operette zu werden.

Auf einer Seite bringt er auf den Punkt, wie ein kurdischer Humanist im Exil frei von Hass denkt:

Ich liebe die aramäischen, armenischen, arabischen und kurdischen Namen, die ich auf den Straßen von Qamischli vernahm.
Wer sein Land liebt, liebt auch die Länder der anderen.
Wer seine Kinder liebt, liebt alle Kinder auf der Welt.
Wer seine Mutter liebt, liebt alle Mütter; er ergreift für die Frauen Partei und steht ihnen ohne jedes Zögern zur Seite.
Kurde zu sein bedeutet,
den Schwachen und Unterdrückten eine Stütze zu sein,
auf Seiten der Frauen zu stehen, denn sie sind die Blumen des Lebens,
für die Kinder und ihre Träume da zu sein,
sich für den einzusetzen, der anders und anderer Meinung ist als man selbst.
Nach all diesen Jahren in den Niederlanden und in Deutschland träume ich immer noch, von meiner Mutter geweckt zu werden, um die Schafherde in den nahen Bergen um Karssor zu hüten.

Ich wünschte mir, wir hätten ähnliche Bücher von allen Minderheiten in den arabischen Ländern.

Und dem Buch wünsche ich große Leserschaft, es ist ein Beispiel für sensible und kluge Aufklärung.

Rafik Schami

Marwan Ali

Wenn der Krieg ein Theaterstück wäre

Gedichte
Aus dem Arabischen von Mahmoud Hajij
Klappenbroschur ISBN 978-3-89930-249-3

Syrien

Ich will nichts von diesem Land, außer,
dass es wieder ein Land wird
… so dass ich durch seine Straßen
ohne Angst laufe.
Und wenn ich müde bin,
lehne ich mich mit dem Rücken
an einen Baumstamm,
der mich kennt.
Ich will nichts von diesem Land, außer,
dass es wieder ein Land wird
… dass wir Menschen werden,
die lieben, singen und
vergessen zu sterben.

SCHILER & MÜCKE

SWALLOW EDITIONS

Für Leser der arabischen Literatur in aller Welt.
Gegründet und herausgegeben von Rafik Schami.
Die Reihe ist zensur-, erdöl-, langweile- und diktaturfrei.

SWALLOW EDTIONS baut eine Brücke, die arabischsprachige
Autorinnen und Autoren mit den Lesern anderer Konti-
nente verbindet. Die literarische Qualität, die schöpfe-
rische Kraft der Texte und die ausdrucksstarke Phantasie
der Autoren sind die ausschlaggebenden Kriterien für die
Auswahl der Texte; Nationalität oder die Religionszuge-
hörigkeit der Autoren spielen keine Rolle.

Die Literatur, die uns anspricht, reflektiert spannend die
Wirklichkeit der arabischen Gesellschaften, ihren Reichtum, ihre Vielfalt, ihre Schönheit und ihre Fähigkeit, am
schöpferischen Prozess der Zivilisation teilzunehmen.

Unsere internationale Homepage informiert dreisprachig
auf Englisch, Deutsch und Arabisch:

swalloweditions.net

Sabah Sanhouri

Paradise

Roman aus dem Sudan
Aus dem Arabischen von Christine Battermann
Hardcover ISBN 978-3-89930-440-4

In der Selbstmordagentur ›Paradise‹ versucht die Content-Autorin Salam, ihrem Job gerecht zu werden, indem sie auf die Kundschaft maßgeschneiderte Selbstmordszenarien verfasst.

»Sabah Sanhouri … schreibt in einem faszinierenden, ganz eigenen Tonfall, manchmal salopp, oft humorvoll und ironisch. Dahinter spürt man die Verunsicherung und Hoffnungslosigkeit vieler Junger Menschen in einem Land, wo die gesamte Opposition das Volk im Stich gelassen hat und der Staub alles unter sich zu begraben scheint.«
Elisa Fuchs, afrika-bulletin.

»Paradise ist ein düsterer Roman, skurril und voll schwarzem Humor, den Christine Battermann in ihrer Übersetzung wirkungsvoll zur Geltung bringt. Es ist das Verdienst des Schiler & Mücke-Verlags, Sabah Sanhouri für den deutschen Büchermarkt entdeckt zu haben.« *Volker Kaminski, qantara.de*

»Schiler & Mücke gehört zu den ganz wenigen Verlagen in Deutschland, die feministische Literatur aus der arabischen Welt übersetzen und herausbringen.«
Thomas Rahmann, Kontext Wochenzeitung

Ismail Fahd Ismail

Die alte Frau und der Fluss

Roman aus Kuwait
Aus dem Arabischen von Christine Battermann
Hardcover ISBN 978-3-89930-217-2

Während des ersten Golfkriegs in den Achtzigerjahren des letzten Jahrhunderts vertreiben irakische Truppen die Bewohner auf ihrer Seite des Grenzflusses Schatt al-Arab und legen das Land trocken. Die Pflanzen verdorren, die Bäume tragen keine Früchte mehr und sterben ab. Doch einige Zeit später zieht sich plötzlich wieder ein grüner Streifen vom Schatt bis zur Wüste im Westen. Eine alte Frau ist in ihr Dorf zurückgekehrt und hat sich zwischen den Fronten niedergelassen.

»Eine zurückhaltende, einfach erzählte Geschichte von der Hölle des Krieges aus einer ungewöhnlichen Perspektive. Ismails Roman hat an einigen Stellen märchenhafte Qualität, die an *Don Quijote* und an Jean Gionos *Der Mann, der Bäume pflanzte* erinnert.« *Kirkus Reviews*

Eine Bühnenfassung des Romans wurde im Februar 2022 von Dieter Nelle am Stuttgarter Forum Theater uraufgeführt:

»Erschreckend aktuell – Welchen Platz hat Menschlichkeit in der Logik des Krieges? ›Die alte Frau und der Fluss‹ im Forum Theater beantwortet diese Frage mit eindrucksvollen Bildern.« *Stuttgarter Zeitung*

Fadi Azzam

Sarmada

Roman aus Syrien
Aus dem Arabischen von Hakan Özkan
Hardcover ISBN 978-3-89930-416-9
eBook ISBN 978-3-89930-144-1

Drei Frauen eines drusischen Dorfes im Süden Syriens lehnen sich gegen die Macht der Gesellschaft, der Familie und der Leidenschaft auf, während gleichzeitig das Land selbst mit den Mächten des Osmanischen Reiches, des Französischen Kolonialreiches und dann des Baath-Regimes ringt.
Sarmada ist ein zauberhafter Ort, was die Menschen, die dort leben, jedoch nicht sonderlich wahrnehmen. Für sie sind Seelenwanderung, Zaubertränke, Wahrsager wie die Tiere der felsigen Wüste allesamt Teil der Landschaft.

»Mit *Sarmada* beweist uns Fadi Azzam, dass es in der arabischen Literatur immer noch unentdeckte Juwelen gibt. Wunderschöne Texte, die lange von der Diktatur erstickt wurden, beginnen, sich aus den Fängen der Zensur zu befreien.« *Rafik Schami*

Alexandra Chreiteh

Always Coca~Cola

Roman aus dem Libanon
Aus dem Arabischen von Christine Battermann
Hardcover ISBN 978-3-89930-415-2
eBook ISBN 978-3-89930-148-9

Die Studentin Abir Ward ist die Tochter einer konservativen Familie. Sie ist hin- und hergerissen zwischen den traditionellen Werten ihrer Familie und denen ihrer sexuell abenteuerlichen Freundinnen Jana und Jasmin. Es hilft ihr auch nicht, dass der Blick aus ihrem Fenster gefüllt ist mit einer riesigen Coca-Cola Werbung, die Jana in einem roten Bikini zeigt. Als Jana plötzlich erfährt, dass sie schwanger ist, müssen die drei jungen Frauen gemeinsam die Konsequenzen tragen.

»Eine hintersinnige Coming-of-Age-Geschichte. Hier ist eine junge, äußerst begabte Autorin zu entdecken, der es mit Leichtigkeit gelingt, der heutigen durchkommerzialisierten Gesellschaft einen Spiegel vorzuhalten – egal ob in West oder Ost.« *Volker Kaminski, qantara.de*

Jana Al-Hassan

Stockwerk 99

Roman aus dem Libanon
Aus dem Arabischen von Christine Battermann
Hardcover ISBN 978-3-89930-081-9
eBook ISBN 978-3-89930-174-8

Madschid und Hilda, deren Familien auf entgegengesetzten
Seiten des libanesischen Bürgerkriegs standen, sind mit den
Schatten ihrer Vergangenheit konfrontiert.
Kristallisationspunkt ist das 1982 von libanesischen Milizen
an Palästinensern im Flüchtlingslager Sabra und Schatila
verübte Massaker, bei dem Madschid seine Mutter verlor und
selbst schwer verletzt wurde. Hilda ihrerseits ringt mit Hier-
archien innerhalb der Familie, dem Verhältnis zwischen Mann
und Frau sowie zwischen Eltern und Kindern.
Zorn, Leidenschaft und Verlust dominieren die Geschichte
der Generation, die nach dem libanesischen Bürgerkrieg
heranwuchs. Ob es gelingen kann, die Vergangenheit zu
bewältigen und sich ein neues Leben aufzubauen, ist die
Frage dieses packenden Romans über das Leben in New York
vor dem 11. September 2001.

»Ein intimer und intensiver Roman, der sowohl die offenen
als auch die versteckten Spannungen im Nahen Osten
beleuchtet.« *Kirkus Reviews*

Rafik Schami

Ich wollte nur Geschichten erzählen
Mosaik der Fremde

Hardcover ISBN 978-3-89930-170-0
eBook ISBN 978-3-89930-175-5

In Texten, die sich wie Mosaiksteine zu einem bunten Gemälde zusammenfügen, erzählt Rafik Schami in seiner unnachahmlichen Art Heiteres, Komisches und Ernsthaftes aus dem Leben eines Exilautors. Zum ersten Mal hebt der Autor ein bisschen den Vorhang und zeigt, welche abenteuerlichen Hürden er bei seinem literarischen Schaffen überwinden musste. Eine spannende Lektüre für alle Fans und Freunde seiner Literatur – und für Neugierige.

Gegen die Gleichgültigkeit
Essay über Rassismus, Orientalismus und den neuen Typus von Intellektuellen

Hardcover ISBN 978-3-89930-443-5

»Der […] Schriftsteller misst der Bundesrepublik in seinem lesenswerten Werk […] gleichsam den politischen und sozialen Puls. Schami fasst seine Erfahrungen zusammen und formuliert in dem zwar schmalen, aber inhaltlich gewichtigen Buch einen flammenden Appell für mehr gesellschaftliches Engagement.« *Wolfgang Jung, dpa*